Gerd Josephs
Das Eis des Südens

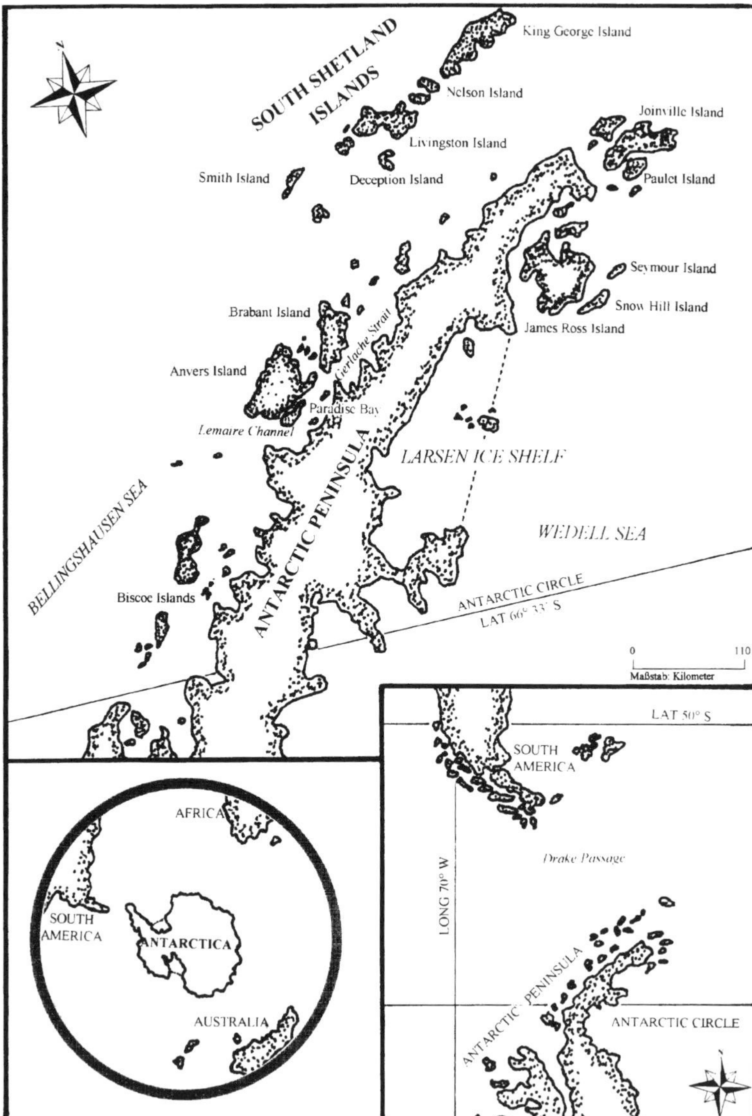
SOUTH SHETLAND ISLANDS
King George Island
Nelson Island
Livingston Island
Joinville Island
Smith Island
Deception Island
Paulet Island
Seymour Island
Brabant Island
Snow Hill Island
James Ross Island
Gerlache Strait
Anvers Island
Paradise Bay
Lemaire Channel
LARSEN ICE SHELF
ANTARCTIC PENINSULA
BELLINGSHAUSEN SEA
WEDELL SEA
Biscoe Islands
ANTARCTIC CIRCLE
LAT 66° 33' S
0
110
Maßstab: Kilometer
LAT 50° S
SOUTH AMERICA
Drake Passage
LONG 70° W
ANTARCTIC PENINSULA
ANTARCTIC CIRCLE
AFRICA
SOUTH AMERICA
ANTARCTICA
AUSTRALIA

Gerd Josephs

Das Eis des Südens

Eine Reise nach Feuerland, Patagonien und in die Antarktis

Haag + Herchen

Das Umschlagfoto zeigt die argentinische Forschungsstation *Almirante Brown*, Paradise Bay.

Die Deutsche Bibliothek – CIP-Einheitsaufnahme

Josephs, Gerd:
Das Eis des Südens : eine Reise nach Feuerland, Patagonien und in die Antarktis / Gerd Josephs. – Frankfurt am Main : Haag und Herchen, 1999
ISBN 3-86137-772-1

ISBN 3-86137-772-1

Fotos, Karten und Zeichnung: Gerd Josephs
Produktion: Herchen KG, Frankfurt am Main
Gesamtherstellung: W. Niederland, Königstein
Printed in Germany

Verlagsnummer 2772

Es waren nicht nur neue Bilder,
die sich vor unsern Augen entrollten,
sondern es war eine fremde,
schwer zu beschreibende Welt,
gänzlich verschieden von allem,
was ich bisher gesehen hatte.

Otto Nordenskjöld. *Antarctic*

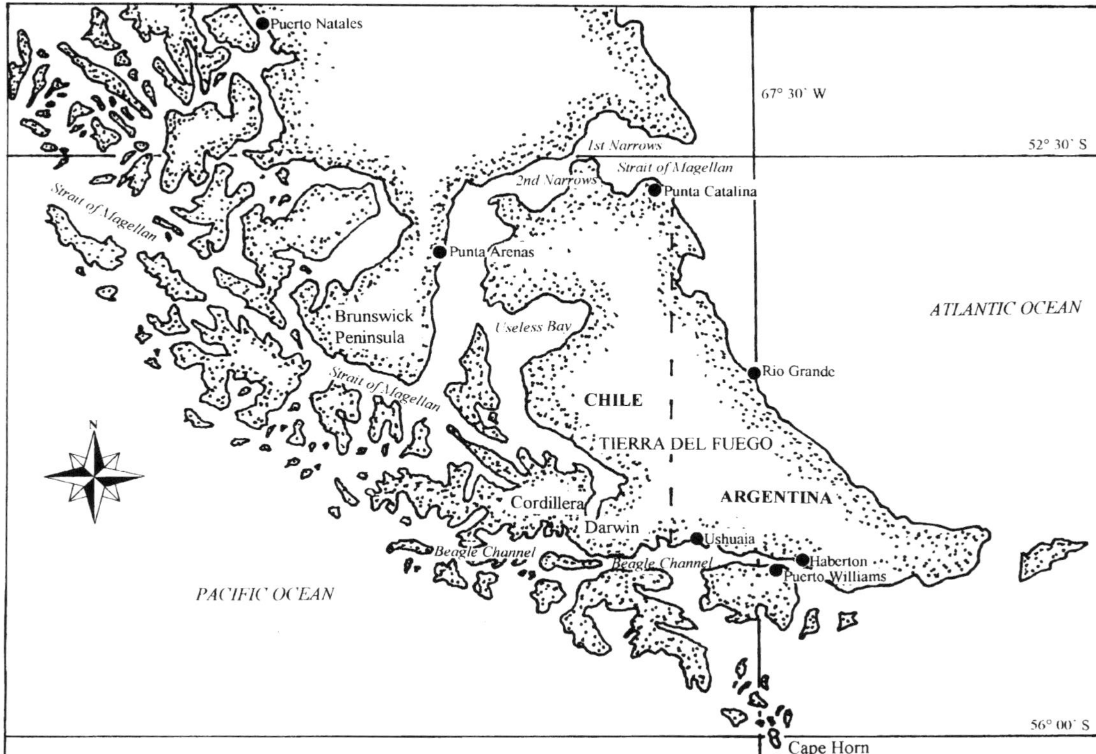
Puerto Natales
67° 30' W
52° 30' S
1st Narrows
Strait of Magellan
2nd Narrows
Punta Catalina
Strait of Magellan
Punta Arenas
ATLANTIC OCEAN
Brunswick
Peninsula
Useless Bay
Rio Grande
Strait of Magellan
CHILE
N
TIERRA DEL FUEGO
ARGENTINA
Cordillera
Darwin
Ushuaia
Beagle Channel
Haberton
Beagle Channel
Puerto Williams
PACIFIC OCEAN
56° 00' S
Cape Horn

Inhalt

Die Farben Patagoniens

Von Türmen und Hörnern

Der Regen trommelt so vehement auf das vorstehende Wellblechdach, daß die aufklatschenden Tropfen gegen unser Fenster spritzen. In kleinen Rinnsalen perlt das Wasser die Scheibe hinab, sammelt sich kurz auf dem Sims und schwappt in die Dunkelheit. Es liegt eine ungemütliche, rauhe Nacht über Puerto Natales, wolkenbruchartig entleert sich der schwarze Himmel. Der unermüdlich über die Ebenen Patagoniens pfeifende Wind hat sich zum Sturm erhoben. Er zerrt an den vertauten Fischerbooten, rüttelt die Laternen, bis ihr milchig gelber Lichtschein flackert, und treibt Wellenmuster in die Pfützen der Uferstraße. Auf dem Fjord der letzten Hoffnung tanzen graue Schaumkronen; Aufbauten und Trossen der Schiffe heulen schaurig. Gegenüber am Kai quietscht das rostige Tor der alten Lagerhalle; immer wieder scheppert es gegen seinen Träger. Mit der Gewißheit, das Hotel heute nicht mehr verlassen zu müssen, schließen wir den Vorhang.

In der gut durchgeheizten Bar ist das Licht gedämpft, und die bauchigen Sessel duften nach Leder. Behaglichkeit hat am Ende der Welt eine besondere Qualität. Hier läßt sich bei einem spanischen Brandy trefflich auf die beiden vergangenen Tage zurückblicken:

Gestern mittag erreichten wir Punta Arenas mit dem Flugzeug. Die 100 000 Einwohner zählende Stadt, tief im chilenischen Süden gelegen und nur durch die Magellanstraße von Feuerland getrennt, ist heute Handels- und Verwaltungszentrum der Magallanes, der zwölften und südlichsten Provinz Chiles. Von hier brachen wir nach Norden auf, 350 Kilometer bis zum Paine-Nationalpark lagen vor uns. Zunächst war die Straße noch zweispurig asphaltiert, doch schon bald bildeten aneinandergereihte Betonplatten, die von gewalzten Ausweichstreifen flankiert wurden, die Trassenmitte. In Puerto Natales endete dann auch dieser straßenbauliche Kompromiß.

Der Fahrer nutzte die Gelegenheit und betankte in dem Städtchen noch einmal den alten Kleinbus, dann folgten wir dem staubigen Schotterband, das sich eng entlang der argentinischen Grenze Richtung Paine windet. Wir ließen die südamerikanische Pampa, die seit unserer Abfahrt die Landschaftsform prägte, hinter uns. Weideland, getupft mit unzähligen Schafen, hatte bisher mit trockener Büschelgrassteppe um die Vorherrschaft gerungen. Oft reichte der Blick von den hügeligen Kuppen der Landstraße beinahe unendlich in die eintönige Weite. Blaßgrün und Grau waren dominant.

Langsam aber stieg die Piste an, die Grüntöne wurden Kehre für Kehre mutiger. Sanfte Täler schmiegten sich an saftige Bergschultern, Wollgras funkelte im Gegenlicht, tiefblau strahlte der wolkenlose Himmel, und selbst der Schotterbelag verblüffte durch Vielfarbigkeit. Patagonien leuchtete! Am späten Nachmittag erreichten wir den Beginn der Hochebene, über die sich der Paine-Nationalpark ausbreitet. In Villa Cerro Castillo – früher eine riesige Schaffarm, heute eher ein Posten als eine Siedlung – rollte unser dröhnender Bus aus. Obwohl wir nicht vorhatten, chilenisches Gebiet zu verlassen, mußte die Weiterreise dem argentinischen Grenzsoldaten gemeldet werden.

Doch der Stopp kam gelegen, denn die Hitze der Fahrt machte schläfrig. In einer Holzbaracke mit unverschämt rotem Dach und dem einladenden Schild Cafeteria kehrten wir ein. Zwar vermittelte der rotierende Deckenventilator nur die Illusion der Abkühlung, aber dafür vibrierte der gut gefüllte Kühlschrank vielversprechend. Draußen sattelten zwei Gauchos ihre Pferde, brachen auf, um der Herde entgegenzureiten. Von ihr war erst nur eine wabernde Staubwolke auszumachen, die beharrlich dem Außenposten entgegenrollte. Langsam begann der Steppenboden unter dem hundertfachen Getrommel der Hufe zu zittern. Begleitet von weiteren Gauchos, die ihre Peitschen durch die staubschwere Luft schnalzen ließen, brandete die Rinderherde schließlich durch Cerro Castillo. Das Absinken des aufgewirbelten Bodens warteten wir noch hinter den Cafeteria-Fenstern ab. Dann wurde es Zeit aufzubrechen.

Bis zum Übernachtungsziel am Pehoe-See lag ein gutes Stück Fahrt vor uns, denn wir wollten das Paine-Massiv im weichen

Licht der flach stehenden Abendsonne erreichen, um den fast immer präsenten Hochgebirgsnebel zu überlisten. Wie eine Klette haftet sich diese launische Wetterfront tagein, tagaus um Gipfel und Kämme. Nur selten gibt sie den Blick auf die Torres del Paine und Cuernos del Paine, die Türme und Hörner des Massivs, frei.

Die nahezu senkrecht aufsteigende Gebirgskette liegt im Zentrum des 1959 gegründeten Nationalparks, eingebettet in eine einzigartige Naturlandschaft aus Seen, Gletschern, Steppe und den knorrigen grauen Baumstämmen der Magallanes. Im Westen residiert der gewaltige Grey-Gletscher, der im Norden auf den benachbarten Dickson-Gletscher trifft. Gemeinsam speisen sie Grey-, Nordenskjöld- und Pehoe-See im Süden des menschenleeren Gebiets mit milchig-grünem Wasser. Trockene, wellige Steppenlandschaft mit kargem Bewuchs wechselt sich auf dem Hochplateau mit langgestreckten grünen Hügeln, durchzogen von Bächen und Wasserfällen, ab. Dauerhafte Bewohner des Parks sind ausschließlich Tiere. Fast immer trifft man auf Verwandte des südamerikanischen Lamas, die Guanakos. Kondore kreisen am Himmel, und der Pampastrauß Nandu durchzieht sein Revier. Der Mensch wird nur als Sommergast geduldet.

Während die Reifen über den Schotter mahlten und das Paine-Massiv näherrückte, machten wir erste Bekanntschaften mit der ansässigen Tierwelt. Aufmerksam durchforsteten Nandus das Büschelgras nach Nahrung. Nur einmal blickten sie uninteressiert zu uns hinüber, dann fuhren sie fort, in den stachligen Halmen zu stöbern. Gut, daß die hochgewachsenen Tiere nicht in Eile waren – unser Diesel hätte ihnen kaum folgen können. Mit bis zu siebzig Sachen ist der Pampastrauß ›im Ernstfall‹ unterwegs. Bei diesen enormen Sprints, die von Sprüngen durchsetzt sind, bilden seine starken Schwanz- und Schwungfedern ein unentbehrliches Leitwerk bei etwaigen Kurskorrekturen. Innerhalb des Nationalparks machen aber nur Begegnungen mit Pumas derartige Manöver nötig, dem Menschen ist glücklicherweise der Zugriff auf Federn – oder gar mehr – untersagt.

Auch die Guanakos ließen nicht lange auf sich warten. Wie Lama und Alpaca stammen diese Tiere ursprünglich vom Kamel ab. Im Laufe der Zeit haben sie sich exzellent an die rauhen Lebensbedingungen des südamerikanischen Hochlandes angepaßt und sind mit diesem untrennbar verbunden. An einer windgeschützten Lichtung trafen wir auf eine rastende Herde. Sie hatten sich um eine flache Wasserstelle zusammengefunden und breiteten sich in der grünen Senke aus. Einige Guanakos tranken, andere dösten im Schatten vereinzelter Bäume. Die meisten aber waren damit beschäftigt, unermüdlich an saftigen Grashalmen zu zupfen; der Bachlauf machte Boden und Wiese naß und weich.

Guanakos sind grundsympathische Tiere, unnachahmlich spielt eine kuriose Mixtur aus Neugier und zögernder Zurückhaltung in ihren Gesichtern. Stets wirken sie verunsichert, welchem Drang sie wohl nachgeben sollen, aber dafür haben die Tiere noch Muße: Stundenlang postieren sie sich am frühen Morgen und mit Beginn der Abenddämmerung auf Vorsprüngen und Hügeln des patagonischen Hochlands. Völlig regungslos harren sie dort aus, bis die Hitze des Tages einsetzt oder sich die Nacht über die Steppe legt. Daß der Wind dabei ruppig durch ihr Fell pfeift, scheinen sie gar nicht wahrzunehmen. Guanakos haben ein seidenweiches Oberfell, das vom Kopf über den Rücken bis hinab zu den Läufen in Gold- und Brauntönen schimmert. Meist geht die Schattierung auch einen Stich ins Orange. Hals und Bauch sind hingegen weiß, wobei das Bauchfell langhaarig und zottelig ist. Sogar der sonst nüchterne Naturforscher Charles Darwin fand während seiner von 1831 bis 1836 dauernden Reise um die Welt für das Guanako eine wohlwollende Bemerkung: *Im Urzustand ist es ein elegantes Tier mit einem langen, schlanken Hals und schönen Beinen.*

Unser Plan ging auf. Die untergehende Sonne tauchte den Himmel in Gelb, Rot und Violett. Klar und nebelfrei wuchs das Paine-Massiv aus dem hügeligen Hochplateau. Gletscherzungen leckten über die Kämme, die Schneemassen leuchteten im Abendlicht rosa. Selbst der Fahrer des Kleinbusses griff nach der Kamera im Handschuhfach, wild gestikulierend würdigte er die Seltenheit des Anblicks. Bis auf das Klicken der Auslöser war es still. Nur manchmal raschelte der Wind im Büschelgras, während er kleine Staubfähnchen über die Schotterpiste trieb. Wir blieben bis zum Einbruch der Dunkelheit, doch der Tag schien sich nicht vollkommen zurückziehen zu wollen und stagnierte in tiefem Dunkelblau.

Um halb elf mußten wir weiter. Nur ein kleines Stück Fahrt lag jetzt noch vor unserem Etappenziel; am Pehoe-See wollten wir übernachten. Kurve für Kurve wand sich die Piste durch den Park. Grell warfen die Scheinwerfer ihre Kegel auf den unebenen Untergrund, der Diesel keuchte vor Anstrengung. Einen letzten Anstieg mußte er überwinden, dann konnten wir den Pehoe-See, der zu Füßen der Cuernos del Paine matt glänzte, überblicken. Einladend lag die Hostería Pehoe auf einem ufernahen Inselchen. Der gelbliche Lichtschein der Fenster signalisierte, daß die späte Ankunft der Gäste im Nationalpark nicht ungewöhnlich war. Kleine Lämpchen flankierten den hinüberführenden Holzsteg, wippend spiegelte sich ihr Licht auf dem See.

Der Steinsockel des kleinen Hauptgebäudes wagte sich bis dicht an die Wasserlinie. Mit Ausnahme des Fundaments war die Hostería ganz aus Holz gebaut, und ihr graues Schieferdach duckte sich hinter einem bewaldeten Hügel. Herzlich wurden wir im Inneren empfangen, die Küche verwöhnte mit Avocado und Lachssteaks. Unsere Zimmer waren in Holzhütten untergebracht, die sich im umliegenden Wald verstreuten, und wir mußten uns beeilen, sie rechtzeitig zu erreichen: Ein kerniges Dieselaggregat versorgte Haupthaus und Hütten mit Strom – allerdings nur bis halb eins. Dann erloschen alle Lampen, und das entfernte Brummen des Motors verstummte. In der Zwischenzeit waren schwere Wolken über dem See aufgezogen, und so breitete sich tiefe Nacht über die schlafende Insel.

Zum Grey-Gletscher

Am Morgen lagen nicht nur die 2 500 Meter hohen Cuernos del Paine im Nebel. In der Dunkelheit hatte sich der Himmel lautlos zum Seeufer hinuntergeschlichen; draußen war es kalt und klamm. Wiese und Steg waren feucht, winzige Tropfen hingen im

Gras, und die Landschaft schien noch stiller als tags zuvor. Glücklicherweise hatten wir unsere Hütte schon frühzeitig verlassen. So gab es mit dem Aufbruch keine Eile, und wir wechselten ins Haupthaus, um dort ein ausgiebiges Frühstück zu nehmen. Und auch diesmal waren die meteorologischen Gegebenheiten auf unserer Seite: Irgendwann, zwischen Spiegelei und Pfannkuchen, stellte sich hinter den Fenstern eine Art Aussicht ein. Zwar begann sie zunächst milchig und verzerrt, aber sie gewann an Klarheit, und bis zur Abfahrt waren zumindest die schneegesprenkelten Bergsockel sichtbar.

Die Erdstraße wurde bedeutend rauher, Schneeschmelze und Bergrutsche hatten im Frühjahr ein übles Spiel mit ihr getrieben. Ächzend wand sich der alte Mercedes-Bus durch tiefe, matschige Ausweichen, wenn Geröll den Weg versperrte oder Stücke der Trasse schlichtweg fehlten. Kurvenreich schlängelte sich die Piste entlang der Seeausläufer von Lago Pehoe und Lago del Toro. Über eine solide Holzbrücke wechselten wir zur gegenüberliegenden Seite des Stroms, um kurz darauf nach Nordwesten abzubiegen.

Jetzt lagen keine zehn Kilometer mehr vor uns, zur Rechten begleitete uns der Rio Grey. Sein milchiges Wasser schien nur langsam durch das tiefer gelegene Flußbett zu ziehen. Die graugrüne Fracht stammt direkt vom Grey-Gletscher, dessen jahrtausendealtes Eis unaufhaltsam in Bewegung ist. Stück für Stück rutscht der Gletscherrücken auf den Grey-See zu, um an der Abbruchkante zu kalben. Bei diesen Wanderungen werden von den Zungen des Gletschers die unter ihnen liegenden Fels- und Gesteinsschichten abgehobelt. Bis zum Erreichen der Uferlinie wird das Geröll zu hochfeinem Staub gemahlen und vom Eis aufgenommen. Nach dem Kalben schmilzt das sedimenthaltige Eis im kalten Gletschersee dann nur langsam, der freiwerdende, feinkörnig erodierte Fels mischt sich mit dem Wasser und läßt es breiig wirken. Dadurch erscheint die Geschwindigkeit von Gletscherflüssen häufig deutlich geringer, als sie tatsächlich ist.

Vom Ende der Piste führte ein Pfad zum See. Mit warmen Jakken, Mützen und Schals boten wir dem schneidenden Wind nur wenig Angriffsfläche. Der Nebel war mittlerweile hochgezogen, der Himmel aber noch immer mit einer gleichmäßig weißen Wolkendecke verhangen. Alles in allem war es draußen recht ungemütlich. Am Beginn des Trails führte eine wenig vertrauenerweckende Hängebrücke über den rauschenden Seitenarm des Rio Grey. Armdicke Taue spannten sich über die Schlucht, sie bildeten das Herzstück der verknoteten Konstruktion. Der Boden bestand aus gleichmäßig im Geflecht eingearbeiteten Brettern; Abspannseile verliefen in Beckenhöhe und übernahmen so gleichzeitig die Funktion eines Handlaufs. Dies war mehr als ein schöner Nebeneffekt, denn wechselnd auftretende Fallböen verliehen der Brücke ein schwingendes Eigenleben.

Maximal zwei Personen auf einmal dürften die Hängebrücke betreten, mahnte ein unübersehbar postiertes Schild und löste damit Kopfschütteln bei unserem patagonischen Kleinbuspiloten aus. »Komisch«, wunderte er sich, »als ich das letzte Mal hier war, durfte man noch zu sechst hinüber. Aber wir hatten auch einen harten Winter, und schließlich wurden ja nur natürliche Baumaterialien verwendet. Vielleicht« – sein Achselzucken wurde von einem Grinsen begleitet – »daß sie durch Nässe und Frost gelitten hat...?« Schon war er auf der gegenüberliegenden Seite und betrachtete sichtlich amüsiert unsere mit jedem Zucken der Seile wachsende Skepsis. Vom Brückenende ging es noch einen wurzeldurchsetzten Anstieg hinauf, dann standen wir oberhalb des Lago del Grey.

Das Ufer des Sees glich eher einem Strand: Durchzogen von Pfützen und breiten Lachen, zerschnitten von scharfkantig wirkenden Wasserläufen, erstreckte er sich über gut hundert Meter Breite. Am Horizont schob sich die auslaufende Gletscherzunge ins Bild, sie hatte ganze Arbeit geleistet und nicht mit geraspeltem Gestein gegeizt. Wind und Wellen überzogen den dunklen Strand, ein körniges Gemisch aus Kies und Sand, mit unregelmäßigen Wellenmustern. In Ufernähe war der Untergrund zu einem hohen Wall zusammengeschoben, der Hauptteil aber breitete sich nahezu eben aus und bot uns eine umfassende Übersicht aller nur möglichen Graustufen. Meist war es ein schweres, dunkles Grau, das in den feuchten Abschnitten in Schwarz überzugehen schien, helle Stellen waren kaum zu entdecken. Im weiten Halbkreis legte sich der Strand um das Südufer des Sees, Treibholz steckte seinen Saum ab. Schon seit Jahren, teilweise Jahrzehnten, markierten die meterlangen Baumstämme der Magallanes die Grenze der Wasserlinie. Von Wind, Feuchtigkeit und Frost gegerbt, trotzte das extrem harte Holz dem Verfall.

Das Wasser des Lago del Grey hatte eigentlich genau die Farbe des Himmels, so daß die gebotene Palette noch um einige graue Nuancen reicher wurde. In dieser monochromen Landschaft stachen die auf dem See treibenden Eisberge unübersehbar hervor. Ihren Formenreichtum verdankten auch sie Wind und Wasser: Filigrane Skulpturen, die gleich auseinanderzubrechen schienen, gewaltige Eisbarrieren, die den See an seinen Engstellen blockieren wollten, löchrige Trapeze und überhängende Plattformen, an denen das entlangfließende Wasser gurgelte, und markante Blökke in der Größe unseres Kleinbusses lagen auf der glatten Oberfläche. Jeder Eisberg war ein Unikat, jeder hatte seine ganz persönliche Blautönung, die durch Anzahl, Größe und Dicke der eingeschlossenen Luft- und Wasserblasen kreiert wurde. Da gab es das lichte Blau, durch das man durchsehen zu können meinte, das harte Blau, unnahbar und kalt, und das verwaschene Blau, das mit den schneeweißen Flanken kokettierte. Manche Eisblökke hatten nur blaue Schatten, andere ein gleichmäßig verlaufendes Streifenmuster, wieder andere verbargen tiefblaue Höhlen.

Eine Stunde benötigte das angemietete Motorboot zur Überquerung der gut zehn Kilometer messenden Nord-Süd-Achse des Lago del Grey. Häufig wurde die Geschwindigkeit gedrosselt, um eine Kollision mit dem schwimmenden Eis zu vermeiden, dann ging es wieder mit voller Fahrt entlang des 3 050 Meter hohen Paine Grande über den See. Vor der gewaltigen Gletscherfront glitt das Boot einem natürlichen Felskai entgegen. Auch er wurde über Dekaden von den über ihn rutschenden Eismassen glattpoliert. Kurze Zeit später standen wir bereits oberhalb der zerklüfteten Front. Wir hatten jahrtausendealtes Gletschereis unter den Wanderschuhen – genauso wie in dem Whisky, den der Bootsmann verteilte. Klirrend stießen wir die Gläser aneinander und tranken auf den blauen Riesen.

Am Nachmittag steuerten wir erneut die Hostería Pehoé an, um vor der Weiterfahrt nach Puerto Natales noch eine Pause einzulegen. Bei Kaffee und Sandwiches genossen wir das nebelfreie Panorama von Berg und See. Die Temperatur hatte enorm zugelegt, vom wolkenlosen Himmel brannte die Sonne, als wollte sie den verschlafenen Morgen wettmachen. Hoch und Tief wechseln in Patagonien in flottem Tempo einander ab, oft mehrmals am Tag. Wenig später bretterte unser Bus schon wieder mit ansehnlicher Geschwindigkeit über die Piste, Steine knallten gegen den Unterboden, Innenverkleidung und Sitze klapperten um die Wette. Leider war das Gefährt nicht mehr ganz dicht, so daß die aufgewirbelte Staubfahne sich keineswegs nur hinter dem Bus entwickelte. Durch Ritzen, Fugen und ausgeleierte Dichtungen arbeitete sie sich beharrlich in den Innenraum: erst am Boden, dann hinauf auf die Sitze. Irgendwann hatte sie Kopfhöhe und Dachhimmel erreicht. Alles war von feinstem Staub überzogen. Die Nasen begannen zu jucken und waren bald trocken, das Haar wurde heller, die Brillen kapitulierten, und die Lippen schmeckten mehlig. Natürlich waren die Fenster verschlossen, so weit dies eben möglich war, auch die Lüftung stand auf ›Aus‹. So wurde es schnell heiß – stickig und heiß. Hemden und Hosen klebten wie nasse Lappen am Körper; nicht bedeckte Hautpartien waren bald getönt. Hinablaufende Schweißperlen malten wirre Linien in den ungewohnten Teint, zusehends wandelte sich unser Zustand von ›unfrisch‹ zu ›dreckig‹. In Cerro Castillo sorgten wir bei einer kurzen Rast für beachtlichen Umsatz; und schon saßen wir wieder im Bus.

Am Fjord der letzten Hoffnung

Stunden später erreichten wir – zwanzig Kilometer vor Puerto Natales – die Mylodon-Höhle. Jetzt wurde der Himmel im Westen durch schwere Wolken verdunkelt, und die Luft stand in drückender Schwüle. 1895 hatte hier der Fund eines 1,20 Meter mal 60 Zentimeter messenden behaarten Hautstücks Furore gemacht. Hermann Eberhard fand das gut erhaltene Stück Fell damals im Februar. Der Schafzüchter deutscher Abstammung mit überaus bunter Biographie hatte sich in der Nähe des Ultima-Esperanza-Sunds Land gekauft und betrat die an seine Weiden angrenzende Höhle aus reiner Neugier. Da das Fell über und über mit Salz bedeckt war, hängte er es kurz entschlossen an einen Baum: Der Regen würde es schon reinigen. Doch dabei blieb es nicht.

1896 wurde eine schwedische Expedition unter Otto Nordenskjöld ausgesandt, um die Höhle einer genaueren Inspektion zu unterziehen. Nordenskjöld fand Teile eines riesigen Schädels, Klauen und weitere Fellreste, die er nach Uppsala in Schweden verschiffte. Nun wollten die Argentinier nicht zurückstehen, auch sie schickten Wissenschaftler und Forscher nach Patagonien. Nochmals wurde die Cueva Milodon unter die Lupe genommen. 1897 verkündete die argentinische Expedition bei ihrer Rückkehr nach La Plata, daß es sich bei den Funden zweifelsfrei um Überreste eines Riesenfaultiers handelte. Die Existenz dieser Spezies zu Urzeiten war lange bekannt. So schrieb schon Darwin im Spätsommer 1833, als er von Bahia Blanca aufbrach:

Die bedeutende Größe der Knochen der megatheroiden Tiere einschließlich des Megatheriums, Megalonyx', Scelidotherums und Mylodons ist wirklich wunderbar. Die Lebensgewohnheiten dieser Tiere waren den Naturforschern ein vollkommenes Rätsel, bis Prof. Owen vor kurzem das Problem mit bemerkenswertem Scharfsinn löste. Die Zähne weisen durch ihren einfachen Bau darauf hin, daß die megatheroiden Tiere von vegetabilischer Nahrung und wahrscheinlich von Blättern und kleinen Zweigen von Bäumen lebten; ihre schwerfälligen Formen und großen, stark gekrümmten Klauen scheinen für eine leichte Bewegung so wenig angepaßt zu sein, daß einige ausgezeichnete Naturforscher wirklich angenommen haben, daß sie wie Faultiere, mit denen sie nahe verwandt sind, mit dem Rücken nach unten an Bäumen kletternd lebten und sich von den Blättern ernährten. Es wäre eine kühne, um nicht zu sagen widersinnige Idee, sich vorsintflutliche Bäume vorzustellen, deren Zweige stark genug wären, Tiere zu tragen, die so groß wie Elefanten waren. Mit viel größerer Wahrscheinlichkeit nimmt Prof. Owen an, daß sie, anstatt auf Bäume zu klettern, die Zweige zu sich herunterholten und die kleineren Bäume mit den Wurzeln ausrissen, um sich von den Blättern zu ernähren. Die kolossale Breite und Schwere ihrer Hinterteile, die man sich kaum vorstellen kann, ohne sie gesehen zu haben, ist nach dieser Ansicht von offenbarem Nutzen, statt nur eine Beschwerung zu sein. Ihre scheinbare Unbeholfenheit verschwindet. Ihre großen Schwänze und ihre kolossalen Fersen fast wie ein Dreifuß auf den Boden aufgestützt, konnten sie die volle Gewalt ihrer äußerst kräftigen Arme und Klauen ungehindert anwenden. Ungeheuer fest verwurzelt muß der Baum gewesen sein, welcher einer solchen Kraft widerstehen konnte! Überdies war das Mylodon mit einer langen vorstreckbaren Zunge, ähnlich der der Giraffe, versehen, welche durch eine jener wunderschönen Einrichtungen der Natur in dieser Weise mit Unterstützung des langen Halses ihre Blätternahrung erreicht.

Die Argentinier verblüfften jedoch die Welt mit der Theorie, daß das Ableben des gefundenen Exemplars – obwohl dieses eigentlich lange ausgestorben war – nur kurze Zeit zurücklag; die Haut war einfach in zu gutem Zustand. Und 1897 verbreitete die Landespresse mutig die Sensation: »Mylodon lebt!« Daraufhin zogen die untersuchungsfreudigen Briten aus: Die *Daily Press* beauftragte Hesketh Pichard damit, eine Expeditionsreise durchzuführen, um ein lebendes Mylodon aufzuspüren. Das Unternehmen blieb erfolglos, aber immerhin inspirierte Pichards Expeditionsbericht *Durchs Herz Patagoniens* Arthur Conan Doyle dazu, *Verlorene Welten* zu schreiben, und in Bruce Chatwins Roman *In Patagonien* fungiert das Mylodon-Hautstück gar als Schlüsselbegriff.

Die Spekulationen um den rätselhaften Fund dauerten bis weit in unser Jahrhundert an. Erst 1947 wurde die Methode der Radiokarbonatdatierung entwickelt, mit deren Hilfe später festgestellt wurde, daß die gefundenen Mylodonteile ein Alter von 10 000 Jahren hatten. Innerhalb der Cueva Milodon herrschten jedoch derart optimale Klimaverhältnisse, daß die Haut dort perfekt konserviert wurde.

Beim Verlassen der Höhle war der Himmel nicht mehr nur im Westen schwarz, und bei der Rückkehr zum Bus klatschten die ersten dicken Tropfen in den Staub. Unser Hotel in Puerto Natales erreichten wir kurz darauf.

Zwar schüttet es die ganze Nacht hindurch, frühmorgens aber lugen schon wieder Sonnenstrahlen unterhalb des Vorhangs in unser Zimmer. Auf dem Teppich markieren sie einen hellen Streifen, in dem aufgewirbelte Flusen der zurückgeschlagenen Decke schwirren. Grell reflektiert der Wellblechvorbau die Morgensonne, und nur die Pfützen auf dem Kai erinnern an das gestrige Unwetter.

Puerto Natales zeigt sich von seiner freundlichsten Seite. Glatt breitet sich das Wasser des Fjords der letzten Hoffnung aus. Fischtrawler liegen am Pier, Segelboote dümpeln in Ufernähe. In kleinen Gruppen stehen die Fischer auf dem hölzernen Steg, sie rauchen und halten ein Schwätzchen. Ab und zu rollt ein Lieferwagen die Uferstraße entlang – dann ist es wieder still. Aber es ist auch noch früh, und man nimmt sich Zeit, den klaren Morgen zu genießen. Die Luft ist frisch und kühl, sie riecht nach Meer, Tang und Fisch. Einige Möwen drehen erste Kontrollrunden über Fjord und Steg, aufmerksam blicken sie auf die plaudernden Fischer, doch auch das Gezeter der Tiere zeigt keine Wirkung. Im Flachwasser lassen sich mehrere Schwarzhalsschwäne treiben. Ihr Gefieder ist schneeweiß, Hals, Kopf und Nacken hingegen schwarz, und ihr Oberschnabel trägt einen tomatenroten Höcker. Auch sie haben keine Eile, langsam paddeln die Vögel entlang des Ufers oder widmen sich einem ausgiebigen Bad. Dabei richten sich die Schwäne so weit auf, daß ihre Bürzel unter Wasser tauchen. Unter enormem Geflatter werden die Flügel getrocknet und dann ganze Tropfenkaskaden auf den See geschleudert, wo sie sich zu weiten Kreisen ausbreiten.

Am Pier nimmt ein Fischkutter die Arbeit auf, vorerst beschränkt sich sein Diesel jedoch auf gurgelndes Gestotter. Gut aufgelegte Wolken ziehen über den Himmel, die Landschaft inszeniert sich in strahlendem Blau, und dabei machen die umliegenden Berge keine Ausnahme. Mit ihren Schneekuppen und

Eisflanken integrieren sie sich unauffällig in das Panorama. Rund um das höchste Gebäude, die weiße Holzkirche, breitet sich Puerto Natales in der Landschaft aus. Die größtenteils eingeschossig gebauten Holz- und Wellblechhäuser wurden von ihren Besitzern ausgesprochen farbenfroh angepinselt. Bunte Fassaden und Dächer wechseln mit eingefallenen Schuppen und rostigen Kaianlagen, die von dem rauhen Wetter der stürmischen Winter gegerbt wurden. Die Siedlung am Sund scheint in sich zu ruhen.

Der Fjord der letzen Hoffnung erhielt seinen Namen im Winter 1557/58. Auf der Suche nach der Einfahrt zur Magellanstraße segelte der Spanier Juan Ladrillero durch das Fjordgewirr. Eingeborene hatten ihm von der Existenz der Ost-West-Verbindung zwischen Atlantik und Pazifik berichtet. Unermüdlich kreuzte er durch Fjorde, Sunde, Kanäle und Meerengen – alle mündeten in Sackgassen. Obwohl jeder Anlauf scheiterte, gab der Spanier nicht auf. Im Gegenteil: Akribisch dokumentierte er das Geflecht der Wasserstraßen und sammelte Aufzeichnungen über Flora und Fauna. Erstmalig wurden die Magallanes intensiv kartographiert. Ladrilleros eigentliche Unternehmung jedoch war von Beginn an zum Scheitern verurteilt, da er viel zu weit im Norden nach der Durchfahrt suchte. Ende 1558 gab es nur noch einen einzigen Richtung Osten führenden Arm, der nicht von ihm durchsegelt war. Er nannte diese letzte verbleibende Möglichkeit *Seno Ultima Esperanza*, Fjord der letzten Hoffnung. Als Ladrillero das Ende des Gewässers durch den Balmaceda-Gletscher markiert sah, brach er seine Expedition ab.

Bis zur Abfahrt des Busses zurück nach Punta Arenas bleibt uns noch genügend Zeit, um einige Besorgungen zu erledigen. Punkt zwölf, mahnt der Fahrer aber, werde er Puerto Natales verlassen.

Auf den Seewegen der Entdecker

Die Erde ist eine Kugel

Am 10. August 1519 liefen in Sevilla/Spanien fünf Schiffe mit 237 Mann Besatzung aus. Ihr Kommandant war der Portugiese Fernando Magellan, der im Auftrag der spanischen Krone reiste – in einem unter strengster Geheimhaltung erteilten Auftrag, denn Magellan war der einzige, der ihn kannte: die Suche nach der Westpassage zu den Gewürzinseln. Daß diese Expedition die erste Weltumsegelung bedeuten würde, konnte im August 1519 niemand vorhersehen. Drei Jahre nach dem Auslaufen, im September 1522, erreichte nur eins der ausgesandten Schiffe, die *Victoria*, als halbes Geisterschiff ihren Heimathafen Sevilla. 18 Männer hatten Hunger, Sturm, Hitze, Kälte, Krankheiten und Meutereien überstanden; Magellan selbst starb schon im Mai des Vorjahres in einer Schlacht mit Einheimischen der Philippineninsel Samar. Mit der Ankunft der *Victoria* wurden die mittelalterlichen Vorstellungen der Erdgestalt widerlegt: Die Expedition hatte gezeigt, daß sie rund ist.

Die Entdeckung der Magellanstraße lag bereits zwei Jahre zurück: Die Schiffe hatten Sevilla verlassen und segelten der brasilianischen Küste entgegen, wo sie nach zwei Monaten eintrafen. Schon bei der Überfahrt ging ein Schiff im Sturm verloren. Von Brasilien setzten sie Kurs Süd und erreichten im März 1520 Bahia San Julian auf 49 30' südlicher Breite. Magellan nutzte den Schutz der an der argentinischen Küste gelegenen Bucht, um zu überwintern und die nach Süden treibenden Winde abzuwarten. Zwei Monate vergingen. Das Land, vor dem die Schiffe ankerten, schien unbewohnt, bis eines Tages am Strand ein Ureinwohner gesichtet wurde. Magellans Bordchronist Pigafetta berichtet:

Dieser Mann war so groß, daß ihm der Kopf des Größten von uns nur bis zum Gürtel reichte. Er war schön gewachsen und besaß ein rot bemaltes Gesicht. Die Augen waren von einem gelben Kreis eingerahmt, und zwei herzförmige Flecken zierten die Wan-

gen. Die wenigen Haare waren weiß gefärbt. Sein Mantel, aus Pelzwerk zusammengesetzt, stammte von einem Tier, das, wie wir später oft genug feststellen konnten, in diesem Lande in großen Scharen lebt. Dieses Tier hat den Kopf und die Ohren eines Maultiers, den Leib eines Kamels, die Beine eines Hirsches und einen Pferdeschweif. Auch wiehert es wie ein Pferd. Mit der Haut des Tieres hatte der Riese seine Füße umwickelt.[...] Unser Kapitän gab diesem Volk wegen seiner großen Füße den Namen Patagonier [Großfüßler].

Am 14. September segelten die Schiffe weiter bis auf 50 40' südlicher Breite, in das Delta des Rio Santa Cruz. Wieder lag die Flotte fast zwei Monate, schwerer Sturm während der Überfahrt machte Holzreparaturen notwendig, und Süßwasser mußte gebunkert werden. Am 21. Oktober 1520 wurde aber schließlich der Osteingang der Magellanstraße entdeckt:

Auf unserer Weiterfahrt in südlicher Richtung sichteten wir am 21. Oktober unter 52 südlicher Breite ein Vorgebirge, das wir Cabo de las 11 000 Virgines nannten, weil dieser Tag ihnen gewidmet war. Die ganze Schiffsmannschaft war sich sicher, daß die hinter diesem Vorgebirge liegende Bucht keinen Ausweg nach Westen besitze, daß es niemandem außer dem Generalkapitän eingefallen wäre, einen solchen zu suchen.[...] Er sandte deshalb zwei Schiffe, die »San Antonio« und die »Conception« aus, um zu untersuchen, wie weit sich diese Bucht erstreckte. Die beiden anderen Schiffe, die »Trinidad« und die »Victoria«, warteten am Eingang der Bucht.

In der Nacht überfiel uns ein furchtbarer Sturm, der 36 Stunden dauerte und uns zwang, die Ankertaue zu kappen und die Schiffe der Willkür der Fluten und des Sturmes zu überlassen. Auch den beiden ausgesandten Schiffen erging es nicht besser als uns. Der Sturm machte es ihnen unmöglich, um das Kap herum zurückzukehren, und so mußten sie sich hilflos gegen das Innere der Gegend treiben lassen, das sie für eine Bucht hielten, gewärtig, jeden Augenblick zu scheitern. Gerade als sie sich für verloren ansahen, erblickten sie eine Öffnung, in die sie einlaufen konnten. Sie merkten, daß dieser Kanal nicht verschlossen war, und änderten deshalb ihre Richtung nicht. Dadurch gelangten sie in eine zweite Bucht, in der sie, sobald sich das Unwetter beruhigt hatte, weitersegelten, bis sie wiederum in eine Bucht gelangten, die größer als die beiden anderen war. Nun hielten sie es für notwendig, umzukehren, um dem Generalkapitän Nachricht von ihrer Entdeckung zu geben.[…]

1. November. Das ganze Geschwader fuhr in die Meeresstraße hinein. Hier wurden wir – im Südosten und im Südwesten – zweier Öffnungen oder Kanäle gewahr. Ein Boot wurde zur Küste geschickt, um diese rauhe und kalte Gegend zu erkunden. Unsere Matrosen fanden in der Nähe des Strandes eine Grabstätte mit mehr als zweihundert Gräbern und eine große Menge von Knochen toter Fische, was auf heftige und zahlreiche Stürme schließen ließ. Im Süden der Meerenge erblickten wir des Nachts viele Feuer, die den Generalkapitän veranlaßten, dem Lande den Namen Tierra de los Fuegos zu geben.[…] Während dieser Zeit schickten wir ein gut ausgerüstetes Boot ab, das Kap des anderen Meeres zu suchen. Es kehrte nach drei Tagen zurück, und die Matrosen berichteten uns, daß sie das Kap und ein großes Meer gesehen hätten. Der Generalkapitän weinte, als er das hörte, vor Freude und nannte das Kap El Cabo deseado [das ersehnte Kap]. Er gab ihm den richtigen Namen, denn wir hatten lange genug darauf gewartet, dieses Kap endlich zu erreichen. Damit hatten wir eines der großen Ziele unserer Fahrt erreicht. Aber noch viele andere warteten auf uns.[…]

Wir kehrten nun zurück, um uns mit den beiden anderen Schiffen zu vereinigen, fanden aber nur die »Conception« vor. Ihr Kapitän und Steuermann, Juan Serrano, den wir fragten, was aus der »San Antonio« geworden sei, antwortete, daß er sie nicht wiedergesehen hätte, seit sie in den Kanal hineingesegelt wäre. Wir begannen sie nun zu suchen, durch die ganze Meerenge bis in den Golf. Der Kapitän schickte die »Victoria« sogar bis zum Eingang der Meerenge zurück.[…] Wir nannten die Meerenge Estrecho patagonico, der Generalkapitän taufte sie Canal de todos los Santos. [Der Großteil der Mannschaft gab der Meerenge ihrem Kapitän zu Ehren den Namen Estrecho de Magallanes]. Hätten wir diese Meerenge, die aus einem Ozean in den anderen führt, nicht entdeckt, wäre Magallanes entschlossen gewesen, die Fahrt bis zu 75° südlicher Breite fortzusetzen.[…] Am Mittwoch, dem 28. November, nahmen wir von der Meerenge Abschied und kamen in ein Meer, in dem wir drei Monate und zwanzig Tage segelten, ohne die geringste frische Nahrung zu genießen.[…] In diesem Zeitraum von drei Monaten und zwanzig Tagen legten wir beinahe viertausend Leghe [gut 20 000 Kilometer] zurück, auf einem Meer, das wir Mare Pacifico nannten, weil wir während der ganzen Fahrt keinen Sturm erlebten.

Ein halbes Jahrhundert verging, bis die Passage erneut durchsegelt wurde – über 50 Jahre blieben Ein- und Ausfahrt verborgen, alle ausgesandten Expeditionen scheiterten. Im Jahre 1578 erreichte der englische Freibeuter Francis Drake das Kap der Jungfrauen. Da er hier den Ostzugang der Magellanstraße vermutete, segelte er in die Meerenge – und durchmaß sie in schier unglaublichen 16 Tagen. Am 7. September 1578 hatte er den Pazifik erreicht. Drake fand Gefallen an der sich windenden Wasserstraße, schien sie doch beste Voraussetzungen für seine geplanten Beutezüge zu bieten. Bald kannte er den exakten Verlauf der Passage wie kein zweiter, und die Kunde von der Wiederentdeckung der Magellanstraße verbreitete sich schnell. In den folgenden Jahren gab es kaum jemanden, der dieser einzigen natürlichen Ost-West-Verbindung des Kontinents nicht den Vorzug gab. Endlich war das Durchsegeln der tosend zusammentreffenden Wassermassen von Atlantik und Pazifik unter Kap Hoorn nicht mehr notwendig.

Aber auch die Passage der scheinbar geschützten Seestraße – mit immerhin 600 Kilometern Länge – war ein riskantes Unternehmen. Beschreibungen von Untiefen, Fallböen, Wracks, Indianerfriedhöfen und Hungerhäfen wie Port Famine füllten die Logbücher. Dunkel, düster und grau war das Bild, das Seefahrer und Entdecker bis ins frühe 19. Jahrhundert zeichneten.

Drake lauerte in den versteckten Seitenarmen der Magellanstraße auf vorbeiziehende spanische Schatzschiffe. Der Pirat schlug schnell und überaus erfolgreich zu. Bei seinen Kaperfahrten fiel ihm derart viel Gold in die Hände, daß er später von der englischen Krone zum Sir geadelt wurde. Als Nebenprodukt seines Aufenthalts entdeckte der Pirat die nach ihm benannte Drake-Passage zwischen Südamerika und der Antarktis, und bei seiner Rückkehr nach England war er der erste, dem es nach Magellan gelungen war, die Welt zu umsegeln.

Die Spanier sahen der Seeräuberei nicht lange zu und verlegten 1582 eine gewaltige Flotte von zwanzig Schiffen und über dreitausend Menschen in die Magallanes. Sie sollten nicht nur die Freibeuter unter Drake jagen und die Seestraße besetzen, sondern auch das Land besiedeln. Die Überfahrt nach Südamerika wurde zur Katastrophe, Epidemien und Stürme dezimierten die Flotte. Mit nur acht Schiffen erreichte Sarmiento de Gamboa, der Anführer der Expedition, die Magellanstraße. Gamboa gründete am Cabo Vírgenes die Siedlung Nombre de Jesús und segelte weiter, um Drake zu vernichten. Schon der erste Winter rieb die Siedlung vollständig auf, Gamboa verlor den Rest seiner Flotte im Sturm. Die Überlebenden der gekenterten Schiffe retteten sich ans Ufer und gründeten die Siedlung Rey Felipe; Winter und Lebensbedingungen ließen auch sie zugrunde gehen.

Drei Jahre nach den Siedlungsgründungen lief der englische Pirat Thomas Cavendish Rey Felipe an. Er fand nur Skelette. Daraufhin segelte er weiter nach Nombre de Jesús und traf wie durch ein Wunder auf einen Überlebenden; Indianer hatten dem Spanier geholfen. Cavendish zögerte nicht und brachte den Mann an Bord seiner *Delight of Bristol*, setzte die Segel und nahm Kurs auf England. Noch auf dem Atlantik starb der letzte Überlebende von Nombre de Jesús, die *Delight of Bristol* geriet in schwere See und entkam nur knapp dem Untergang. Ihren Heimathafen erreichte sie mit nur noch sechs Seeleuten an Bord. Das Schiff glich einem Wrack.

Nun wurde es still im Süden von Patagonien und Feuerland. Innerhalb der nächsten 250 Jahre interessierten sich hauptsächlich Kartographen für die Magallanes. Erst 1830 meldete Chile Besitzansprüche auf die Gebiete an. Postwendend schickte England Darwin aus, um an Bord der unter dem Kommando von Kapitän Fitzroy stehenden *Beagle* »eine Bestandsaufnahme der Region vorzunehmen«.

Dezember 1832. Am nächsten Tage versuchte ich ein Stückchen Weges in das Land einzudringen. Feuerland läßt sich als ein Bergland beschreiben, welches zum Teil in das Meer versenkt ist, so daß tiefe Buchten die Stellen einnehmen, wo Täler existieren sollten. Die bergigen Strecken sind mit Ausnahme der exponierten westlichen Küste vom Wasserrand aufwärts mit einem großen Walde bedeckt. Die Bäume gehen bis zu einer Bodenerhebung zwischen 100 und 1 500 Fuß hinauf, ihnen folgt dann ein Streifen von Torfland mit kleinen Alpenpflanzen, und diesen wieder folgt die Linie des ewigen Schnees. Es ist äußerst selten, ein Acre [engl. Flächenmaß, 4 047 qm] ebenen Landes in irgendeinem Teil Feuerlands zu finden. Ich erinnere mich nur einer kleinen flachen Stelle in der Nähe von Port Famine und einer anderen von etwas größerer Ausdehnung in der Nähe von Goeree Road. An beiden Orten, wie überall sonst, ist die Oberfläche von einer dicken Schicht morastigen Torfes bedeckt. Selbst innerhalb des Waldes wird der Boden durch eine Masse langsam faulender vegetabilischer Substanz verborgen, welche, weil sie vom Wasser durchfeuchtet ist, dem Fuße nachgibt.

Da ich es für nahezu hoffnungslos fand, meinen Weg durch den Wald fortsetzen zu können, folgte ich dem Laufe eines Bergstromes. Anfangs konnte ich wegen der Wasserfläche und der großen Zahl abgestorbener Bäume kaum vorwärtskriechen; aber bald wurde das Flußbett etwas offener, weil die Überschwemmungen die Ränder abgekehrt hatten. Ich ging langsam eine Stunde lang den durchbrochenen felsigen Ufern entlang vorwärts und wurde durch die Großartigkeit der Szenerie reichlich belohnt. Die düstere Tiefe der Schlucht stimmte sehr gut mit den allgemeinen Zeichen der Gewalt überein. Auf allen Seiten lagen unregelmäßige Massen von Felsen und umgeworfene Bäume; andere Bäume, die zwar noch aufrecht standen, waren bis auf das Mark zerfallen und bereit, umzustürzen. Die verwickelte Masse der wachsenden und der umgefallenen erinnerte mich an die Wälder innerhalb der Tropen, doch bestand ein großer Unterschied: Denn in diesen stillen, einsamen Örtlichkeiten schien der Tod anstatt des Lebens der vorherrschende Geist zu sein.

Als Darwin 1836 nach England zurückkehrte und sein geforderter Bericht derart schaurig ausfiel, stellte sich England Chile nicht länger in den Weg. 1843 begann die Besiedelung der Magallanes mit chilenischen Soldaten. Im Mai des gleichen Jahres folgte ein Schiff von der Insel Chiloé, das Siedler und Schafe in den tiefen Süden brachte. Die Neuankömmlinge überstanden blutige Auseinandersetzungen mit den einheimischen Indianern der Halbinsel Brunswick und einen zermürbenden Hungerwinter. Ihre Siedlung Fuerte Bulnes, am Eingang einer Meerenge der Magellanstraße, hatte Bestand. Aufgrund der extrem rauhen Wetterverhältnisse beschloß man aber, in geschütztere Gefilde umzuziehen, und schließlich gründete Colonel José de los Santos Mardones im Jahre 1849 die Stadt Punta Arenas an genau der Stelle, an der Magellan 1520 die Skelette der zweihundert Indianer und die Knochen eines gestrandeten Wals gefunden hatte.

Dreißig Jahre später sorgten große Goldfunde in Feuerland dafür, daß Punta Arenas ein Jahrzehnt lang zum Eldorado für Schürfer, Abenteurer und Glücksritter wurde. Immer neue Einwanderer ließen die Stadt schnell wachsen, bisher kaum besiedelte Regionen der Umgebung wurden erschlossen, Punta Arenas boomte. Parallel dazu wuchs in der zweiten Hälfte des 19. Jahrhunderts die Rolle der Magellanstraße, aber jetzt waren es nicht mehr die großen Seefahrer, Entdecker und Piraten, die sie durchkreuzten: In Europa und Nordamerika hatte das Industriezeitalter begonnen, Dampfschiffe lösten zusehends die Segelschiffe ab. Ihre Maschinen machten sie vom Wind unabhängig, und in der kehrenreichen Passage ließen sie sich wesentlich leichter und schneller manövrieren.

Die Industrialisierung ließ den Handel innerhalb Nordamerikas genauso blühen, wie sie ihn zwischen Europa und Australien förderte. Regelmäßiger Fracht- und Personenverkehr bediente die Route zwischen Ost- und Westküste der USA; kaum ein Schiff, das noch die riskante Fahrt um Kap Hoorn auf sich nahm. Die Magellanstraße avancierte zur bedeutendsten Seestraße im Nordamerika- und Australienverkehr. Da sämtliche Schiffe den auf halber Strecke liegenden Hafen von Punta Arenas anlaufen mußten, entwickelte sich die Stadt am Ende des 19. Jahrhunderts zu einer quirligen Handelsmetropole. So überstand man schadlos das Versiegen der Goldminen im Jahre 1901, zumal vier Jahre zuvor in Rio Turbio, nördlich von Punta Arenas, immense Kohleflöze entdeckt worden waren.

Erst 1914 brachte die Eröffnung des Panamakanals die Entwicklung der Stadt zum Erliegen. Nun war es nicht mehr notwendig, den ganzen südamerikanischen Kontinent zu umfahren, um vom Atlantik zum Pazifik zu gelangen. Punta Arenas drohte jedoch nie ganz einzuschlafen; längst hatte die Stadt sich in ihrer Rolle als Verwaltungssitz des tiefen Südens zurechtgefunden, und diese spielt sie bis heute.

Wir stehen am Mirador Cerro la Luz, einem Aussichtspunkt am Nordhang Punta Arenas', und blicken über die bunten Wellblechdächer der Stadt. Genausogut könnten wir auch vom Turm der Hellgrímskirche auf die Dächer der isländischen Hauptstadt Reykjavík schauen: 64° 10' Nord und 53° 10' Süd verschmelzen in punkto Wellblechbemalung. Aber es sind auch die gleichen Winter, die sich über die Städte legen: kalte, dunkle, schneeschwere und vor allem lange Winter, finstere Gesellen, die das Licht verschlucken. So versuchen die Menschen, sich diese ungemütliche Last mit bunten Farben wenigstens etwas erträglicher zu gestalten. Die Dächer Punta Arenas' fließen gleichmäßig den Hang hinab und enden erst am Kai. Gleich dahinter beginnt die Magellanstraße – hier gut fünf Kilometer breit. Am Horizont ragt Feuerland aus dem Wasser, und in unserem Rücken verhindern die Ausläufer der Anden ein Ausbreiten der Stadt Richtung Norden. Unten an der Pier hat die *World Discoverer* festgemacht.

In der Magellanstraße

Die heruntergelassene Steuerbordgangway ist aus Aluminium, jedes Auftreten verursacht ein leichtes Federn. Sie führt hinauf zum Boat Deck, die hölzernen Eingangstüren sind beiseite geschoben und geben den Weg zu Rezeption und Foyer frei. Endlich sind wir an Bord des Schiffs, das schon heute eine Legende ist: Wie ihr kleineres Schwesterschiff *Explorer* ist die *World Discoverer* auf allen sieben Meeren zu Hause, immer auf der Suche nach unbekannten Zielen. Die entlegensten Küsten der Welt sind ihr Operationsgebiet, und dafür ist sie gut ausgerüstet:

Bei einer Länge von 87 Metern und einer Breite von 15 Metern mißt ihr Tiefgang gerade 4,40 Meter. So kann sie auf dem Amazonas bis hinauf nach Iquito gleiten, Flachwasserbuchten der Beringstraße anlaufen oder auf unerforschten Routen die Antarktis erkunden, ohne daß sie sich vor Untiefen fürchten muß. Zwei 2 400 PS starke Dieselmaschinen sind für den Antrieb zuständig, sie gestatten dem 3 153-Bruttoregistertonnen-Schiff eine Reisegeschwindigkeit von zwölf Knoten. Für den Einsatz in Arktis und Antarktis wurde der *World Discoverer* ein eisverstärkter Rumpf der höchsten Eisklasse mit auf den Weg gegeben: »Uneingeschränkte Passagierfahrt« attestiert das *American Bureau of Shipping*! Unter Wasser verbirgt sich noch ein weiterer technischer Leckerbissen: das 400 PS starke Bugstrahlruder. Damit läßt sich in den verwinkeltsten Buchten, Fjorden und Meerengen manövrieren – wenn es sein muß, wendet die *World Discoverer* auch auf der Stelle.

All das macht unser Schiff aber noch lange nicht zur Legende, es ist nur das Rüstzeug für die einzigartigen Expeditionen, die es in den vergangenen zwanzig Jahren bewältigt hat. Die *World Discoverer* gehört zu den vier Passagierschiffen, die nach Amundsen erfolgreich die Nordwestpassage bezwangen; 1985 gelang ihr als erstem Passagierschiff die Durchfahrt von West (Nome/Alaska) nach Ost (über Grönland nach Halifax/Kanada) – und das ohne Eisbrecherhilfe. Kein Passagierschiff ist jemals weiter in die Arktis oder die Antarktis vorgedrungen als die *World Discoverer* und die *Explorer*, und für viele Inseln des Pazifiks und des Indischen Ozeans war die *World Discoverer* das erste Passagierschiff überhaupt, das hier vor Anker ging.

An der Rezeption erhalten wir die Schlüssel zu unserer Kabine. Es ist die 211, auf dem Voyager Deck, backbord. Ihre zehn Quadratmeter werden optimal genutzt: Rechts hinter der Tür gibt es statt Schränken eine Kleidernische, die per Vorhang geschlossen werden kann. Sie reicht vollkommen aus, zumal die Koffer im Lagerraum verstaut werden können. Gegenüber den Kleiderfächern liegen Dusche und WC, daran schließt sich ein Studiobett an, das tagsüber zur Couch umgebaut wird. Parallel zur Außenwand mit dem Doppelbullauge steht das zweite Bett; den Platz zwischen Fußende und Kleidernische nehmen Kommode, Schreibtisch mit Sessel und Kühlschrank ein. Die Kabine ist perfekt!

Unter dem Voyager Deck liegt das Discoverer Deck mit weiteren Kabinen. Über uns breitet sich das Odyssey Deck aus, in dessen mittlerem Teil sich das Marco-Polo-Restaurant befindet. Eine Etage höher finden wir auf dem Boat Deck neben der Rezeption die Bücherei und einen Shop. Im Bug liegt die Discoverer Lounge mit Bar, im Heck die Lido Lounge, ebenfalls mit Bar. Von hier aus gelangt man auf das Sonnendeck mit Tischen, Stühlen und Liegestühlen sowie dem Swimmingpool, der in wärmeren Gefilden gefüllt wird. Vom Foyer führt eine Treppe hinauf zum Bridge Deck mit dem Funkraum und der ›offenen Brücke‹, die für die Passagiere jederzeit, Tag und Nacht, zugänglich ist. Das im Heck liegende Sonnendeck wird größtenteils von den zehn mitgeführten Expeditionsschlauchbooten eingenommen.

Diese Zodiacs entwickelte der Meeresforscher und Dokumentarfilmer Jacques Cousteau, um an allen nur möglichen Küsten und Stränden der Welt anzulanden. Die schweren Schlauchboote mit Platz für bis zu 15 Personen werden jeweils von einem 50-PS-Außenbordmotor angetrieben – ausreichend Kraft, um auch bei starker Seedrift und zerrenden Strömungen auf Kurs zu bleiben. Der umlaufende massive Gummiwulst dient als Sitzfläche; seitlich ist eine robuste Halteleine angebracht, die bei den oft holprigen Zodiacritten beherzt umklammert wird. Der Boden eines Zodiacs besteht aus aneinanderliegenden flexiblen Aluminiumleisten. Ähnlich einer Rollade können sie sich Verwindungen anpassen – das ist klüger, als sich starr dem Meer entgegenzustellen! Im Heck ist der zwanzig Liter fassende Treibstofftank fest verzurrt, der den Außenbordmotor über eine biegsame Leitung mit Sprit versorgt. Aber dies ist nur der sichtbare Teil des Rumpfs, denn unterhalb der Aluminiumplattform hat das Zodiac drei luftgefüllte Kiele. Zwischen ihnen kann der Fahrtwind ungehindert hindurchpfeifen, Wellenkämmen wird nur eine geringe Angriffsfläche geboten, so daß das Anheben des Schlauchboots bei voller Fahrt oder kräftigem Wind minimiert wird. Zodiacs genießen den Ruf, nahezu unsinkbar zu sein.

Vom Brigde Deck führt eine weitere Treppe hinauf zum Observation Deck, in dessen vorderem Teil die Observation Lounge untergebracht ist. Tische und Stühle verteilen sich entlang der Panoramafenster, die sich im Halbkreis von backbord nach steuerbord ausbreiten und einen Überblick von 180 Grad ermöglichen. Dies ist der optimale Platz, um die Fahrt zu verfolgen, wenn es draußen ungemütlich wird. Hoch über der Wasserlinie, oberhalb der Brücke, in behaglicher Atmosphäre zu sitzen, während Schnee und Regen gegen die Fensterfront klatschen und der Sturm in den Aufbauten heult – oft werden wir die Observation Lounge ansteuern. Mittschiffs komplettiert ein Vortragsraum mit Dialeinwand und Filmprojektoren das Observation Deck.

Neben dem Eingang windet sich eine stählerne Wendeltreppe hinauf in den vorderen Mast, das untrügliche Zeichen von Forschungs- und Expeditionsschiffen. Der Aufstieg ist ungeheizt. Es ist kalt und riecht nach Farbe und Eisen. Die Wendeltreppe führt zum höchsten Punkt unseres Schiffes, dem Krähennest. Es ist einmalig auf der Welt, nur die *World Discoverer* verfügt über einen derartigen wettergeschützten Ausguck. Zwanzig Meter über dem Meer reicht der Blick weit über den Bug; die zum Mast hin abfallenden Fenster erlauben drei bis vier Passagieren wiederum 180 Grad Blickwinkel. Von hier oben erlebt man die Reise aus der Vogelperspektive.

Bis sieben Uhr abends sind alle Neuankömmlinge an Bord. Die deutschsprachige Fraktion trifft sich zur Begrüßung in der Lido Lounge, während der Großteil der 120 Passagiere aus aller Welt zum englischsprachigen Welcome in der Discoverer Lounge zusammenkommt. Derartige Treffen werden von jetzt an täglich in den späten Nachmittags- oder frühen Abendstunden stattfinden und *Briefing* bzw. *Recap* genannt. Beim Recap, dem Rückblick, bietet sich die Gelegenheit, die Erlebnisse des Tages zu besprechen. Der Lektor, der die jeweilige Zodiacgruppe begleitet hat, faßt noch einmal die wesentlichen Fakten zu Entdeckung, Geschichte, Geologie oder Flora und Fauna der besuchten Insel zusammen und nimmt sich Zeit für offene Fragen. Der zweite Teil, das Briefing oder der Ausblick, hat die Planung des folgenden Tages zum Thema. Anhand von Karten und Skizzen werden die Inseln vorgestellt, an denen zu landen am nächsten Tag geplant ist. Kurz wird auf individuelle Besonderheiten eingegangen wie z.B. auf Größe und Ausdehnung einer bestimmten Pinguinkolonie, Geschichte einer verlassenen Forschungshütte oder geographische Auffälligkeiten eines Gletscherzugs. Diese Vorschau soll auf die nächste Anlandung einstimmen, und sie soll neugierig machen.

Recap und Briefing zielen stets auf den einzelnen Reisetag, breite Themenblöcke werden hingegen in Lektorenvorträgen vermittelt. Sie finden meist abends oder beim Zurücklegen größerer Seestrecken statt und beschäftigen sich schwerpunktmäßig mit Entdeckung, Geologie, Tierwelt, Forschung, Klima oder Meeresbiologie. Nicht ohne Grund trägt die *World Discoverer* den Beinamen ›das schwimmende Klassenzimmer‹.

Heute dient die Zusammenkunft aber zunächst einmal dem Kennenlernen des Expeditionsteams und der Lektoren, die von der Kreuzfahrtdirektorin Heidi Turer vorgestellt werden. John Kernan ist unser Expeditionsleiter. Der Meeresbiologe und Zoologe zieht seit drei Jahren an Bord von Expeditionsschiffen rund um die Welt, von der Nordwestpassage bis in die Antarktis, von Grönland bis zum russischen Fernen Osten. Gemeinsam mit Ralf Zander, dem Kapitän der *World Discoverer*, und seinen Offizieren wird John unsere Route – abhängig von Wetter und Eisgang – planen. Bei der nun folgenden Vorstellung der Lektoren wird schnell klar, daß auf dieser Reise wohl keine Frage offen bleiben wird, liest sich die Liste doch eher wie ein Auszug aus dem Who's who der Südpolarforschung:

- Cindy Buxton arbeitet seit zwanzig Jahren als Tierfilmerin, ihre bisher 19 Filme wurden in 112 Ländern ausgestrahlt und von mehreren Buchveröffentlichungen begleitet. Zwei Jahre lebte sie auf den Falklandinseln, acht Monate filmte sie auf der subantarktischen Insel South Georgia.

- Patty Hostiuck ist Biologin und Geographin mit dem Spezialgebiet Meeresbiologie. An Bord der *World Discoverer* wird sie über das Leben innerhalb der antarktischen Gewässer sowie über Wale referieren.

- Der Biologe Don Janes lehrt an mehreren Universitäten in den USA, sein Hauptgebiet ist die Erforschung der Adéliepinguine. Don betrieb in den letzten drei Jahren seine Studien auf der amerikanischen Palmer-Forschungsstation in der Antarktis.

- Tony Soper ist freischaffender Schriftsteller und Filmemacher – schlichtweg die wandelnde Ikone des Themenbereichs ›Seevögel und Ozean‹. Er hat die weltbekannte *BBC Natural History Unit* mitgegründet und diverse Filme für sie gedreht. Auf der Suche nach Seevögeln, Inseln und Küsten hat Tony dreimal die Welt umrundet und dabei 14 Bücher publiziert. Kein Pinguin ist vor seiner Kamera sicher.

- Walt Venum ist Geologieprofessor, die Antarktis kann man als seine zweite Heimat bezeichnen. Drei Sommer lang arbeitete er in Forschungsstationen der südlichen Antarktischen Halbinsel (*Lassiter*, *Orville* und *English Coasts*), zweimal in Stationen auf dem antarktischen Festland (*Ellsworth* und *Thiel Mountains*). Walt nahm an zwei Expeditionen des amerikanischen Forschungsschiffs R/V *Glomar Challenger* teil, in deren Verlauf bahnbrechende geologische Theorien über die Kontinentaldrift und die Plattentektonik erarbeitet wurden. Er veröffentlichte bisher vierzig Artikel und Bücher. Ein Berg auf der Antarktischen Halbinsel trägt Walts Namen (Mt. Venum).

- Der Geophysiker Christian Walther arbeitet am Alfred-Wegener-Institut für Polar- und Meeresforschung in Bremerhaven. Er hat auf der deutschen Polarstation in der Antarktis überwintert und an Bord des Forschungsschiffs FS *Polarstern* an mehreren geophysikalischen Forschungsreisen in die Antarktis und nach Grönland teilgenommen.

- Und schließlich werden die deutschsprachigen Passagiere noch in die Obhut von Herbert Becker und Bernd Bierbaum genommen. Herberts Spezialgebiete sind Amerikanistik, Philosophie und Völkerkunde, Bernd ist Völkerkundler.

»Schwimmendes Klassenzimmer ...«, geht es uns nach der

Vorstellung noch einmal durch den Kopf – das ist ja eher ein Hörsaal! Während des Abendessens werden erste Bekanntschaften mit den übrigen Mitreisenden gemacht. Glücklicherweise gibt es an Bord der *World Discoverer* im Restaurant keine feste Sitzordnung. Jeder nimmt dort Platz, wo er möchte, und schon bei der Hähnchenpastete in Blätterteig ist das Marco-Polo-Restaurant in ausgelassener Stimmung. Wir sitzen mit Herbert am Tisch; er ist Anfang Vierzig und ein ausgesprochen fröhlicher Philosoph. »Meine erste Seereise«, erzählt er, während wir später hinauf auf die Brücke gehen, »liegt mehr als zwanzig Jahre zurück. Damals bin ich an Bord eines Fischkutters von der Bretagne nach Irland übergesetzt. Ich werde es nie vergessen.«

Um zehn Uhr abends sind nahezu alle Vorbereitungen zur Abfahrt getroffen, in einer halben Stunde wird die *World Discoverer* auslaufen. Der Zweite Offizier bringt die aktuellen Wetterdaten, die per Funk übermittelt wurden, auf die Brücke: In der Nacht Regen; Wind aus Südwest mit drei Beaufort. »Bei unserer Fahrt durch die Magellanstraße werden wir die drei Windstärken kaum spüren. Wir segeln gegen den Wind, nach Süden. Die Nacht wir ruhig.« Der leitende Ingenieur, auf See stets *Chief* genannt, stößt hinzu und meldet: »Maschinen und Hilfsdiesel zu 100 Prozent klar. Alle Tanks voll!« Tanks voll, das ermöglicht der *World Discoverer* eine Reichweite von 8 000 nautischen Meilen oder knapp 15 000 Kilometern – genug für vier Fahrten in die Antarktis und zurück. Aber Wetter und Eisgang sind unberechenbar, und eine satte Reserve kann nicht schaden, wenn sich alles einmal ganz anders entwickeln sollte als erwartet.

Bei der Abfahrt ist der Himmel über Punta Arenas verschlossen. Bleierne Wolken liegen über der Stadt, es gießt aus Eimern. Die Hafenarbeiter haben ihr gelbes Ölzeug angelegt, gleißende Scheinwerfer reflektieren grell auf der nassen Pier, die schwere Wolkendecke raubt der Stadt einen langen Sommerabend. »Klar zum Ablegen«, erteilt der Kapitän das Kommando, »Klar zum Ablegen«, erwidert sein Steuermann. Die Hafenarbeiter werden per Sprechfunk instruiert. Mit Knistern und Knacken erreicht ihr wiederholtes »Leinen los« den rauschenden Empfänger auf der

Brücke. An Bug und Heck senken die Winden die Spannung der Haltetaue Stück für Stück, schon hängen die Trossen durch und werden – erst am Heck, dann am Bug – von den Metallpollern gelöst. Klatschend fallen sie schließlich ins Wasser. Die beiden Hafenarbeiter heben noch einmal die Hand zum Abschiedsgruß und nicken in Richtung Brücke; dann haben sie Feierabend.

Zentimeterweise schiebt sich die *World Discoverer* nun zurück, stetig vergrößert sich der Abstand zwischen Rumpf und Pier, die Schiffsschraube läßt den breiter werdenden schwarzen Wasserstreifen glucksen und brodeln. Am Ende des Hafenbekkens ist das Ablegemanöver beendet, kurz liegt das Schiff ruhig im Wasser, dann heißt es »Halbe Kraft voraus!« Das Hochfahren der Maschinen läßt die *World Discoverer* zittern, ihr Stahl bebt unter den grollenden Dieseln, die den Propeller antreiben. Das Wasser reagiert erst verhalten mit leichtem Sprudeln. Doch schnell geht es in quirlige Gischt über, und an beiden Seiten des Hecks bildet sich ein strudelnder Sog, der drohend in die Tiefe weist. Dann verliert die See ihre Ordnung, jetzt ist sie wild und aufgebracht. Das Zittern hält weiter an, Fenster und Glas vibrieren, der Schiffskörper steht unter Anspannung. Langsam, ganz langsam setzen wir uns in Bewegung und gleiten in die Magellanstraße. Das Ruder steuert nach backbord, der Bug richtet sich auf Kurs Süd. Nun hat sich das Schiff beruhigt. Kein Zittern mehr – nur das gleichmäßige Brummen der Diesel, die hohl aus dem Schornstein atmen. Erste Wellen klatschen gegen den Bug, die *World Discoverer* hat Fahrt aufgenommen.

Bis Mitternacht bleiben wir auf der Brücke, dann wollen wir noch eine Runde über die Außendecks drehen. Aber schon bald vertreibt uns der Fahrtwind, und wir landen in der Discoverer Lounge. An den Tischen sind fast alle Plätze frei, die meisten Passagiere haben sich schon in ihre Kabinen zurückgezogen. Hinter dem Tresen arbeitet Joe; sein Name ist fast schon Berufsbezeichnung – er ist der Barmann. Seit drei Jahren ist er jetzt auf der *World Discoverer.* Vorher hatte er mit der *Queen Elizabeth II* unzählige Male den Atlantik zwischen Southampton und New York überquert, aber irgendwann war ihm das Schiff einfach zu groß. »Das ist wie ein Hotel in der Großstadt. Jeden Abend andere Gesichter, aber immer die gleichen Geschichten. Da stumpfst du ab. Außerdem wollte ich die entlegenen Winkel der Welt kennenlernen, die Beringstraße, die Osterinsel, die Antarktis. Da habe ich halt auf der *World Discoverer* angeheuert, und von ihr komme ich nicht mehr los.« Joe wienert mit einem feuchten Läppchen die Aluminiumtheke und plaziert ein Schälchen mit Nüssen neben unsere Whiskygläser.

Seine Geschichten beginnen fast immer mit »I tell you« oder »You know«. Es sind lange, spannende Geschichten, die von tosenden Stürmen im Südpazifik, meterhohen Wellen und dem Ächzen des Stahls, von den *roaring forties* und den *furious fifties* handeln. Geschichten von Regen und Schnee, vom Eis und vom Blau der Gletscher und von den immer kürzer werdenden Nächten, je weiter wir nach Süden vorstoßen. »Wißt ihr, das ist keine Reise, das ist eine Erfahrung, die ihr hier macht. Ihr seid aufgebrochen, um hinter den Horizont zu schauen, und was euch da erwartet, das werdet ihr lieben!« Darauf trinken wir erst einmal einen Whisky. Auf die Antarktis!

Der Beagle-Kanal

Während der Nacht hat die *World Discoverer* die Magellanstraße, die sich südlich der Halbinsel New Brunswick nach Nordwest windet, verlassen. Wir behalten Kurs Süd bei und zwängen uns hinter Dawson Island in den Cockburn Channel. An seinem Ausgang beginnt die Drake-Passage, erstmalig treffen wir auf den Pazifik – aber nur kurz. Die *World Discoverer* setzt nun Kurs Ost und schiebt sich entlang der Südküste Feuerlands, um sich nur wenig später, zwischen Basket Island und Londonderry Island, in die Ausläufer des Beagle-Kanals einzufädeln. Es ist nicht ganz einfach, in dem Wasserstraßen-Irrgarten der Magallanes seinen Weg direkt anzusteuern, immer wieder zwingen Inseln und Eilande zum Ausweichen. Sie sind die Gipfel eines Unterwassergebirges, die Südausläufer der Anden, die das Meer verschluckt hat. Uns bieten sie ein atemberaubendes Panorama, doch leider fehlt die Zeit, die Landschaft angemessen zu würdigen.

Der Morgen ist voller Termine. Um neun Uhr findet die Zodiac-Einweisung statt, die mit einer Sicherheitsübung verbunden ist. Zunächst gilt es, die blaue Wurst der Rettungsweste korrekt anzulegen. Sie ist leicht und nicht dicker als ein kleines Tau. Im Notfall wird sie sich aber, bei Kontakt mit Meerwasser, selbsttätig aufblasen, ein enormes Volumen annehmen und die Sicherheit einer klobig starren Weste bieten – so sagt jedenfalls John. Um genau diesen Notfall zu vermeiden, gibt es für das Besteigen der Zodiacs eine strikt einzuhaltende Vorgehensweise: Am Ende der Gangway wartet man so lange, bis der Gummiwulst des Schlauchboots nah an der Plattform liegt; je nach Seegang und Wellendünung kann die Abgrenzung von ›nah‹ jedoch erheblich variieren. Auf das Kommando des Zodiacführers steigt man dann auf die Schlauchbootflanke und umfaßt dabei mit beiden Händen die Unterarme des Einweisers, der seinerseits das gleiche mit unseren Armen machen wird. So ist es auch beim Ab- oder Ausrutschen nahezu unmöglich, den Halt zu verlieren. Im Extremfall erfolgt der Einstieg recht dynamisch mit einem leichten Ruck.

Glücklich im Zodiac gelandet, steuert man einen der beiden Gummiwülste an, immer linke und rechte Seite abwechselnd, aufrückend vom Heck zum Bug, daß sich das Schlauchboot gleichmäßig füllt. Zudem ist es beim Ablegen des Zodiacs ratsam, wenigstens mit einer Hand das umlaufende Halteseil fest zu umschließen. Sicher ist sicher. »All das ist keine Gängelei oder Überorganisation«, mahnt der Expeditionsleiter. »Denkt immer daran: Im eiskalten Wasser könnt ihr drei, vielleicht vier Minuten überleben, und bei hoher See ist das verdammt wenig Zeit! Seid also nicht zu stolz, euch helfen zu lassen oder euch festzuhalten.« »Wieviel Kilogramm halten die Aufblaswesten denn über Wasser?« fragt ein schwergewichtiger Amerikaner aus Oklahoma. »120«, beruhigt John den verunsicherten Mann und schmunzelt. »Aber wir haben auch welche in XXL, die tragen 150 Kilo.« Jetzt ist der Gast aus Oklahoma beruhigt.

Eine Stunde später ist Probefeueralarm. Diesmal müssen wir uns mit den dickeren, orangefarbenen Schwimmwesten anfreunden, die griffbereit in unseren Kabinen liegen. Sie sind breit und haben auf der linken Schulter ein Lämpchen, das bei Dunkelheit aktiviert werden sollte. Vorne ist eine Trillerpfeife angebracht, die bei Benutzung markig schrille Töne von sich gibt. »Diese Westen sind nur für den Notfall und nicht für die Anlandungen. Verstaut sie wieder in den Fächern und merkt euch den Weg zu eurem Rettungsboot! Ihr müßt ihn im Schlaf beherrschen«, schärft uns John ein. Wir nicken dienstlich und machen uns auf zum Bridge Deck, um uns bei der Notfall-Station Nummer II, Boot Nummer IV, zu melden. Hocherfreut stellen wir fest, daß Joe das Kommando über unser Rettungsboot hat. »Für brenzlige Situationen habe ich immer einen kräftigen Branntwein an Bord«, flachst der Barmann.

Ab halb elf beginnt im hinteren Teil des Boat Deck die Ausgabe von Gummistiefeln, die uns für die Anlandungen zur Verfügung gestellt werden. Die Verteilung erfolgt unter großem Hallo, und es dauert einige Zeit, bis schließlich jeder zufriedenstellend ausgerüstet ist und mit dem robusten Schuhwerk von dannen zieht. Mittlerweile hat auch das Marco-Polo-Restaurant geöffnet. Während des Essens verfolgen wir die Fahrt der *World Discoverer* entlang der rauhen Küstenlinie Feuerlands. Steuer- und backbords gewähren große Panoramafenster eine hervorragende Aussicht.

Wie auch die Magellanstraße ist der Beagle-Kanal ein tiefer Fjord, der von sich zurückziehenden Gletschern gegraben und später durch das Wasser von Atlantik und Pazifik gefüllt wurde – nur, daß der Beagle-Kanal kürzer und erheblich schmaler als die Magellanstraße ist. Zu Ehren einer früheren Expedition von Captain Fitzroy, der sein Schiff HMS *Beagle* Jahre später – von 1831 bis 1836 – sicher um die Welt lenkte, erhielt die zwischen Puerto Williams und Ushuaia verlaufende Meeresstraße ihren Namen. Aber nicht nur das Schiff wurde geehrt. Den höchsten Gletschergipfel Patagoniens, den 3 406 Meter hohen Monte Fitzroy, benannte man nach dem Kapitän – und der mitreisende Naturforscher Charles Darwin wurde gleich Pate einer ganzen Region: Das Berg- und Gletschermassiv, das sich westlich an den Beagle-Kanal anschließt, erscheint als Cordillera Darwin, ihr mit 2 488 Metern höchster Gipfel, als Monte Darwin auf den Karten. Der Naturforscher schildert den Kanal folgendermaßen:

15. Januar 1833. – Die »Beagle« ankerte in Goeree Road. Da Kapitän Fitzroy beschlossen hatte, die Feuerländer, ihren Wünschen entsprechend, in Ponsonby Sound an Land zu setzen, wurden vier Boote ausgerüstet, sie durch den Beagle-Kanal dahin zu führen. Dieser Kanal, welchen Kapitän Fitzroy während der letzten Reise entdeckt hatte, ist ein äußerst merkwürdiger Zug in der Geographie dieses oder geradezu jeden anderen Landes. Man könnte ihn mit dem Tal von Loch Ness in Schottland mit seiner Kette von Seen und Fjorden vergleichen. Er ist ungefähr 120 Meilen lang mit einer mittleren Breite von ungefähr zwei Meilen und ist dem bei weitem größeren Teile nach so vollkommen gerade, daß die Aussicht, auf beiden Seiten durch eine Reihe von Bergen begrenzt, in der weiten Entfernung allmählich undeutlich wird. Er durchschneidet den südlichen Teil Feuerlands in einer ostwestlichen Richtung; in der Mitte stößt in rechtem Winkel auf der Südseite ein unregelmäßiger Kanal auf ihn, welcher Ponsonby Sound genannt worden ist.

Eigentlich wollen wir die verbleibende Zeit bis zur ersten Anlandung in den Sonnenstühlen des Boat Deck vertrödeln. Seit dem späten Vormittag hat es aufgehört zu regnen, der Himmel beginnt aufzureißen, und alsbald legen sich freundliche Sonnenstrahlen über Fjord und Schiff. Verführerisch lädt die Sonne nach dem guten Essen ein, es sich in ihrer Obhut bequem zu machen, und dazu wäre ein windgeschützter Deckchair genau der richtige Platz. Doch daraus wird nichts, schneller als erwartet hat die *World Discoverer* den Westeingang zum Beagle-Kanal erreicht. Nun ist sie schon tief in den Arm eingedrungen, und unser Etappenziel ist nicht mehr weit entfernt.

222 Seemeilen, über 400 Kilometer haben wir seit dem Auslaufen in Punta Arenas zurückgelegt, als die *World Discoverer* vor Anker geht. Wir liegen vor der Südwand der Darwin-Kordillere, einem stark vergletscherten Gebirgszug, der vom gewaltigen Romanche-Gletscher dominiert wird. In seiner direkten Nachbarschaft liegen Alemania-, Francia- und Italia-Gletscher. Sie alle erhielten ihre Namen erst vor gut 100 Jahren:

Die französische Expedition [traf] an Ort und Stelle ein, indem sie am 6. September 1822 an der Orange-Bai bei Kap Hoorn landete und nach Errichtung der erforderlichen Gebäude am 26. September ihre Beobachtungen beginnen konnte; erst in der zweiten Hälfte des Oktober war die Station vollständig installiert. Dafür entschädigte Comm. Martial durch eine Ausdehnung der Untersuchungen auf weitere Gebiete der Erdkunde und Naturwissenschaften. Da die Korvette »Romanche«, welche die Expedition nach ihrer Station gebracht hatte, zur Verfügung stand, so wurde die Gelegenheit zu hydrographischen Untersuchungen an den Küsten und Inseln von Feuerland und Staaten-Inseln erwartet, Tiefseeuntersuchungen bis zum Süden der Diego-Ramirez-Inseln angestellt und bedeutende Sammlungen auf anthropologischem, zoologischem und botanischem Gebiete angelegt.[...] Am 12. November 1883 traf die »Romanche« wieder in Cherbourg ein.

So stand es im Februar 1884 in *Dr. A. Petermanns Mitteilungen aus Justus Perthes' Geographischer Anstalt.* Ein Hauptziel der französischen Forschergruppe war die einjährige Beobachtung der Lebensverhältnisse der dort beheimateten Indianer. Zu gleicher Zeit waren Forscher anderer Nationen aufgebrochen, um eine über Feuerland stattfindende totale Sonnenfinsternis zu verfolgen. Man traf sich an Bord der *Romanche*, um gemeinsam astronomische Studien zu betreiben. Die umliegenden Eisfelder wurden dann nach den damals vertretenen Nationen benannt, der Hauptgletscher nach ihrem Schiff.

Direkt gegenüber dem spektakulären Romanche-Gletscher läßt sich die *World Discoverer* von der Strömung des Beagle-Kanals um ihre Ankerkette treiben. Schon hat der weit ausholende Ladekran das erste Zodiac ins Wasser gelassen, es ist das Scoutboot. John, der Expeditionsleiter, setzt hinüber, um die Voraussetzungen für die Anlandung zu prüfen: Wieviel Eis ist in den Fjord gekalbt, wo ist eine gute Fahrtrinne für die Schlauchboote, wie nah können wir an den Gletscher, ist ein Landgang möglich? Per Sprechfunk steht er im Kontakt mit der Brücke, und nur kurze Zeit später gibt John grünes Licht. Bald ist die komplette Zodiacflotte mit ihren aufgeregten Außenbordern vor der Flanke der *World Discoverer* versammelt. Und auch wir sind gut gerüstet. Mit dicken roten Parkas – außen Gore Tex, innen Fleece – wasserundurchlässigen Thermohosen und Gummistiefeln stehen wir bereit. »Alle Mann klar zum Deckschrubben?« ruft Herbert herüber. Die Stimmung ist prächtig.

Schnell pflügen die Schlauchboote über den Fjord. Wasser spritzt über den Bug, und ein pfeifender Wind läßt uns die Mützen bis weit über die Ohren ziehen. Hundert Meter vor der Küstenlinie werden die Motoren gedrosselt. Immer dichter treibt das zerborstene Gletschereis auf der Oberfläche, in alle nur möglichen Größen hat die Wucht des Aufpralls die Brocken zerspringen lassen. Schrappend zieht unser Zodiac durch den Eisbrei. Das im Verhältnis warme Fjordwasser läßt die Stücke nun schneller auftauen, knisternd und knackend kommen die eingeschlossenen Luftblasen frei. Bis dicht an den überhängenden Gletscher tasten wir uns heran.

Während sich der Hauptteil des Romanche-Gletschers über ein weites Kliff der Darwin-Kordillere ausbreitet, wagt sich sein Ausläufer die kahlgeschliffene Flanke hinunter. Zweihundert Meter über dem Wasser stoppt dann auch die Gletscherzunge. Von dort stürzt sich das trübe Schmelzwasser, das unter dem Eis hindurchstrudelt, in einem breiten Wasserfall den schwarzen Fels hinab bis zum Beagle-Kanal. Immer wieder bricht diese Gletschermilch Zacken aus dem Eissaum und reißt sie tosend mit in die Tiefe. Zweimal kalbt der Gletscher. Meterbreite Eisbrocken hatten den Halt auf dem glatten Fels verloren, schneller und schneller werden sie im Rutschen, an einer vorspringenden Felsschulter zerbersten sie noch auf halber Höhe, bis der Aufprall am Fuß des Massivs sie schließlich in Millionen winziger Teile zersprengt. Begleitet von ohrenbetäubendem, dumpfen Lärm vollzieht sich ihr Sturz; noch lange hallt der Donner durch die Bucht, nachdem die Eismassen schon längst im Wasser des Beagle-Kanals verschwunden sind. Schnell bilden sich Wellen, die unser Zodiac im Rhythmus der Kämme schaukeln lassen. Stets behält Christian, der das Schlauchboot steuert, die Gletscherwand im Auge, um im Notfall zur Fjordmitte zu flüchten. Aber das ist heute nicht nötig, und so ziehen wir unsere Bahnen entlang der Bucht.

»Hier, seht her«, ruft der Geophysiker. Dann lenkt er das Zodiac näher an die Küste und zeigt auf einen Fels. »Das ist metamorphisches Gestein der paläozoischen Erdschicht!« Wer hätte das gedacht? Doch schon holt er zur Erklärung aus: »Die geologische Metamorphose meint nichts anderes, als daß der Mineralbestand von Gesteinen in der Erdkruste umgewandelt wird. Dies kann entweder unter sehr hohem Druck oder unter extremen Temperaturen passieren oder unter dem Zusammenspiel von Druck und Temperatur. Dabei ist allerdings wichtig, daß dieser Prozeß weder den kristallinen Zustand beeinflußt – das Gestein also nicht schmilzt – noch die chemische Zusammensetzung des Gesteins verändert. Und fertig ist das Metamorphgestein! Bei diesen Gesteinen, die wir hier an der Küste sehen, hat der beschriebene Prozeß im Erdaltertum, dem Paläozoikum, stattgefunden, also vor 600 Millionen bis 25 Millionen Jahren. In dem frühen Stadium des Erdaltertums bildeten sich übrigens auch allmählich die Meereswirbeltiere, und gegen Ende des Paläozoikums gingen die ersten Lebewesen auf das Festland, vor ungefähr 35 Millionen Jahren.« Wissen öffnet die Augen – wir hätten in dem Stein nur einen Stein gesehen.

Über den historischen Boden betreten wir zum ersten Mal Feuerland, nachdem das Zodiac an einer geschützten Stelle festgemacht hatte. An den Hängen der Bucht, die den Gletscher nicht fürchten müssen, wächst ein ganzer Wald der hellstämmigen magellanischen Buchen empor. Darwin hatte recht, tatsächlich ist der grün-weiße Vorhang nahezu undurchdringlich. Auch nah an der Wasserlinie ist der Uferstreifen überwuchert: Fette Moospolster, dichte Farne und breite Flechten legen sich über den Fels. Als Farbtupfer stechen rotblühende Pflanzen namens Notro aus der grünen Urlandschaft hervor.

Nach gut zwei Stunden sind wir wieder an Bord. Sobald das letzte Zodiac im Heck des Bridge Deck wieder fest verzurrt ist, lichtet die *World Discoverer* ihren Anker und folgt dem Beagle-Kanal in Richtung Ostausgang. Recap und Briefing fallen kurz aus.

Zum einen haben wir während der Durchquerung der Drake-Passage in den nächsten Tagen ausreichend Zeit für Besprechungen, zum anderen steht noch eine Festivität auf dem Programm: Begrüßungscocktail- und Dinnerparty des Kapitäns. Scheinbar gegensätzliche Welten – einerseits die naturnahe Entdeckung der Landschaft, wetterfeste Kleidung, robuste Expeditionsschlauchboote, weit abseits aller Zivilisation, andererseits der Komfort eines Fünf-Sterne-Schiffs mit Cocktails, Dinner und Kerzenlicht – werden auf der *World Discoverer* unnachahmlich vereint. Nichts wirkt künstlich, es gibt keine Show, kein Tamtam und auch keine Musikkapelle. Das Wechseln der Kleidung wird nie zum zwanghaften Ritual. Nach den gemeinsamen Erlebnissen des Tages kommt man abends in Restaurant oder Bar zusammen. Passagiere aller Nationen, Offiziere, Lektoren und Expeditionsleiter lassen miteinander den Tag in behaglicher Atmosphäre Revue passieren. Und tags darauf werden wir alle wieder in unseren roten Parkas und blauen Gummistiefeln gespannt der nächsten Anlandung entgegenfiebern. Vielleicht ist es gerade dieser Perspektivenwechsel, der uns später die Eindrücke der Fahrt so unwirklich erscheinen lassen wird…

Während des Begrüßungscocktails lernen wir Ralf Zander, den Kapitän der *World Discoverer*, nun noch einmal offiziell kennen. Fast jeder hatte ihn schon auf der Brücke besucht. Nacheinander stellt er seine Offiziere, den Ingenieur, den Radiooffizier, Hotelmanager, Zahlmeisterin, Küchenchef und Arzt vor. Dann lädt er zum Willkommensdinner ins Restaurant ein. Wir sitzen am Tisch der Kreuzfahrtdirektorin Heidi. Die Amerikanerin ist noch jung, keine dreißig Jahre alt. Bevor sie an Bord der *World Discoverer* kam, hatte sie nach dem Studium zwei Jahre lang in der Touristikbranche gearbeitet und dort Erlebnisreisen rund um die Welt geplant. »Der Job hat mir viel Spaß gemacht«, erzählt Heidi, »aber es war halt nur Theorie. Zwar bin ich privat viel herumgekommen, beruflich lernte ich aber nur Hotels und Tour-Veranstalter kennen, und ständig hatte ich die Weltkarte vor Augen. Das war einfach nicht genug, und so bin ich auf die *World Discoverer* gegangen«, strahlt sie. »Die Arbeit hier an Bord ist großartig!«

Über zwei Stunden arbeiten wir uns durch das Sechs-Gänge-Menü, das von erlesenen Weinen begleitet wird. Bei der Auswahl der Tropfen kann man sich blind auf Heidi verlassen, sie versteht es, nicht nur Reisen exzellent zu kombinieren. Gerade als unser Mahl durch ein unverschämt leckeres Schokolade-Amaretto-Soufflé seinen Abschluß findet, gleitet backbords Ushuaia im Halbdunkel vorbei. Heidi hebt die Tafel auf, und wir gehen in die Kabine, um unsere Kameras für diesen grandiosen Spätabendhimmel zu holen.

Der Blick vom Heck des Boat Deck ist phantastisch: Zu Füßen der schneebedeckten Gebirgsausläufer Feuerlands breitet sich Ushuaia aus. Die südlichste Stadt der Welt zeigt sich, aus der Ferne betrachtet, nur als schmaler grünlicher Neonstreifen. Doch das Licht ist nicht grell, eher fahl und milchig, obwohl kaum Dunst über dem Wasser liegt. An den Außenposten Ushuaias zukken rhythmisch zwei Leuchtfeuer, die den vorüberziehenden Schiffen den Weg weisen. Der Himmel über dem weiten Gebirgszug ist noch hell. Von dem Violett, in das er Fjord und Gipfel taucht, wölbt er sich beinahe weiß über Feuerland. Bis hoch hinauf reicht die Kuppel, nur ganz allmählich wechselt sie in ein zartes Blau. Je weiter wir den Kopf in den Nacken legen, desto tiefer wird das Blau, und vorne, über dem Bug unseres Schiffes, ruht der Himmel schon längst in nächtlichem Schwarz. So bleiben wir hinten, beobachten, wie die Kuppel kleiner und kleiner wird und der violette Saum stetig wächst. Nur wenige Wolken liegen über dem Gebirge, farblich sind sie von den Schneefeldern nicht mehr zu unterscheiden. Hoch über Feuerland, über Ushuaia, den Wolken und der Kuppel, schon im tiefen Blau, krönt die geneigte Mondsichel die Szenerie. Unser Schiff gleitet durch den Beagle-Kanal, breit und geradlinig liegt seine Spur auf dem Fjord, nur gedämpft weht das gleichmäßige Wummern der Maschinen zum Heck. Die Diesel schlafen nie. Ihr Puls wird zum Takt unserer Fahrt.

Kap Hoorn

Morgens um sieben Uhr schallt Johns Weckruf durch die Bordlautsprecher. Hell scheint die Sonne in unsere Kabine, kaum ein paar Wolken ziehen über den Horizont. Die See hingegen ist alles andere als spiegelglatt, aufkommende Wellen lassen unser Schiff unangenehm schwanken. Nachts hat sich die *World Discoverer* durch den Ausgang des Beagle-Kanals geschlichen und Kurs auf die Drake-Passage genommen. Noch liegen steuerbords einige versprengte Inseln, die das Ende des südamerikanischen Kontinents markieren. Um kurz nach acht Uhr erreichen wir aber den definitiv letzten Außenposten: Kap Hoorn. 150 Meter reckt sich die Insel in die Höhe. Steil fällt ihr von Wind und Wellen zernarbter Fels zur Drake-Passage hin ab. Richtung Norden jedoch laufen die grasbewachsenen Flanken sanft und gleichmäßig hinunter zum Meer. Nur wenige Bauten stehen auf Kap Hoorn: der Leuchtturm, die Baracken einer einsamen Militärstation und das Albatrosdenkmal, das all denen gewidmet ist, die um Kap Hoorn den Tod fanden. Am Sockel der im Dezember 1992 errichteten Skulptur erinnert ein spanisches Gedicht von Sara Vial an sie. Die Übersetzung finden wir auf dem ausliegenden Tagesprogramm:

Ich bin der Albatros, der am Ende der Welt auf Dich gewartet hat.
Ich bin die vergessene Seele der toten Segler,
die über alle Meere kamen, das Kap Hoorn zu umsegeln.
Aber sie starben nicht in den wütenden Wellen.
Heute fliegen sie auf meinen Schwingen in die Ewigkeit,
im letzten Wellental der antarktischen Winde.

Die Erkundung Kap Hoorns liegt 380 Jahre zurück, knapp hundert Jahre waren seit der Entdeckung der Magellanstraße vergangen: Anfang des 17. Jahrhunderts entwickelte sich Holland zur Seemacht mit regelmäßigem Segelverkehr zu den Kolonien Südostasiens. Dabei standen zwei Fahrtrouten zur Wahl. Zum einen der direkte und kurze Weg von Holland entlang der Westküste Afrikas, rund um das Kap der Guten Hoffnung und durch den Indischen Ozean nach Südostasien. Zum anderen die weitaus längere Strecke über den Atlantik nach Brasilien, die Ostküste Südamerikas hinunter und durch Beagle-Kanal oder Magellanstraße in den Pazifik, weiter entlang der australischen Küste zu den Kolonien. Viele Schiffe wählten diese umständliche und strapaziöse Fahrt, da die Gewässer Afrikas von Portugiesen durchkreuzt wurden und es nicht selten zu Übergriffen kam. Allerdings waren auch Magellanstraße und Beagle-Kanal alles andere als sicher. Versprengte englische Piraten und machtbesessene spanische Soldaten, die die Seestraßen von ihren Forts aus im Auge behielten, warteten raublüstern. Daß Südostasien auf dem Umweg über Südamerika nur deutlich langsamer erreicht wurde, war hingegen nebensächlich, da die Segelschiffe keine teuren Brennstoffe benötigten und die Heuer der Mannschaften niedrig lag.

Der Hauptnachteil von Afrika- wie Südamerikaroute war jedoch ein und derselbe. Beide Strecken standen unter der Organisation und Überwachung der *Holländischen Ostindischen Kompanie*, einer monopolistisch strukturierten Gesellschaft, die an der Kontrolle der Seewege nicht schlecht verdiente. Der Amsterdamer Großkaufmann Isaac Le Maire wehrte sich gegen die Entrichtung der Wegezölle und gründete als Gegenpol die *Australische Gesellschaft*. 1615 sandte diese zwei Schiffe in den Südatlantik, um nach einer regelmäßig passierbaren Durchfahrt zu suchen. Die Schiffe bogen nicht in Magellanstraße und Beagle-Kanal ein, sondern setzten weiterhin Kurs Süd, bis Feuerland in ein Inselmeer überging und schließlich auch dieses verschwand. Der holländische Seefahrer Cornelius Schouten, der eins der beiden Schiffe befehligte, gab der letzten Insel, der äußersten Landspitze Südamerikas, den Namen seines Heimatortes *Hoorn*. Das Kap Hoorn war entdeckt und wurde zum ersten Mal umsegelt.

Fortan waren die Mitglieder der *Australischen Gesellschaft* eher bereit, ihre Handelsschiffe um das sturmumtoste Kap zu schicken, als daß sie ständig Verluste durch Überfälle und Wegegeld beklagen wollten. Das Aufeinandertreffen der Ozeane Atlantik und Pazifik verlangte Schiffen und Männer alles ab, urplötzlich erreichte der ständig wechselnde Wind Sturmstärke. Langanhaltende Unwetter mit meterhohen Wellen und Windstärken bis zu zwölf Beaufort waren – und sind – an der Tagesordnung. Gerade die Umrundung in Ost-West-Richtung, von Europa kommend mit Kurs auf Australien, forderte unzählige Verletzte, Tote und Wracks.

Die Passage vom Atlantik in den Pazifik auf der Kap-Hoorn-Route dauerte üblicherweise sechs Wochen, nicht selten zehn – allein für die Umsegelung Feuerlands! Viele Schiffe mußten sich auf diesem Stück geschlagen geben, wenn sie Chile zum Ziel hatten. Dann wendeten die Holländer, durchquerten den Atlantik, Indischen Ozean und Pazifik südlich von Afrika und Australien, umrundeten also die komplette Antarktis. Nach Wochen und Monaten trafen sie nun, von Westen kommend, auf die chilenische Küste. Kap Hoorn, *the toughest bit of sailing in any part of the world*, heißt es in den Logbüchern der Segelschiffe und in den Vorworten zu Dokumentationen über die Südspitze des amerikanischen Kontinents. 1832 notiert Darwin:

21. Dezember. – Die »Beagle« machte sich auf den Weg; am folgenden Tag dicht bei den Barnevelts, von einer schönen Ostbrise begünstigt, vorübersegelnd und am Cap Deceit mit seinen felsigen Piks vorüberlaufend, umschiffen wir ungefähr um drei Uhr das stürmische Kap Hoorn. Der Abend war ruhig und klar, und wir genossen einen schönen Anblick auf die umgebenden Inseln. Das Kap Hoorn indes forderte seinen Tribut und schickte uns noch vor der Nacht einen Sturm gerade in die Zähne. Wir wendeten nach der See hinaus und am zweiten Tage wieder dem Lande zu, wo wir an unserer Windseite dieses berüchtigte Vorgebirge in seiner eigentümlichen Form sahen, von Nebel verschleiert und seine undeutlichen Umrisse von einem Wind und Wasser führenden Sturm umgeben. Große schwarze Wolken rollten quer über den Himmel, und Stürze von Regen mit Hagel wehten mit solcher äußersten Heftigkeit an uns vorüber, daß der Kapitän sich entschloß, in Wigwam Cove einzulaufen. Dies ist ein niedlicher kleiner Hafen nicht weit vom Kap Hoorn, und hier ankerten wir am heiligen Christabend in ruhigem Wasser. Das einzige, was uns an den Sturm außerhalb erinnerte, war alle Augenblicke ein heftiger Windstoß vom Berge, welcher das vor Anker liegende Schiff rollen machte.

Durch die Drake-Passage

Langsam läßt die *World Discoverer* das auf 55° 58' 30'' südlicher Breite und 67° 17' westlicher Länge liegende Kap Hoorn hinter sich und beginnt die Durchquerung der Drake-Passage. »Für all jene, die unter Seekrankheit leiden, ist nun der richtige Moment gekommen, um vorbeugende Medikamente einzunehmen. Zwar rechnen wir derzeit nicht mit Sturm, trotzdem ist die See gewöhnlich in diesen Breiten recht bewegt«, tönt munter die Stimme unseres Kapitäns durch die Lautsprecher. Das Mienenspiel der Passagiere auf dem Boat Deck reicht daraufhin über ein Spektrum von trotzig bis mulmig. Von nun an steht an der Rezeption ein Bastkörbchen mit Tabletten bereit, und die Handläufe in Gängen und Aufenthaltsräumen sind alle paar Meter mit beschichteten Papiertüten bestückt. Gut 38 Stunden werden wir für die 450 Seemeilen oder 830 Kilometer lange Passage der Seestraße benötigen, die Ankunft auf den Südshetlandinseln wird für den morgigen Abend zwischen zehn und elf Uhr veranschlagt.

Allmählich findet die *World Discoverer* ihren Rhythmus im unruhigen Wasser, gleichmäßig schlingernd folgt sie Kurs Süd. 38 Stunden in der Drake-Passage, dem stürmischsten Abschnitt aller Weltmeere, inmitten der *furious fifties* – das kann ja heiter werden. Draußen an Deck wird es schnell kalt, und wir gehen hinauf auf die Brücke, wo wir nur wenige Passagiere treffen. »Wasser, soweit das Auge reicht«, bemerkt Kapitän Zander. »Für heute kann ich euch nichts Spektakuläres bieten. Bis wir auf die ersten Eisberge treffen, wird es noch einen Tag dauern.« Wir lassen den Blick durch die Fensterfront schweifen. Ruhig liegt der Bug in der gekräuselten See, während die Dünung unser Schiff stetig um die Längsachse schwanken läßt. »Meist haben wir Glück und erwischen entweder auf der Hin- oder auf der Rückfahrt durch die Drake-Passage ruhigere See. Scheint so, als wäre es diesmal der Hinweg«, erklärt der Kapitän und fährt fort: »Die wütenden Fünfziger, diese sturmgepeitschten Meereszonen zwischen dem fünfzigsten und dem sechzigsten südlichen Breitengrad, verlangten früher Segelschiffen und Mannschaften alles ab.

Und weiter Richtung Antarktis, ab dem sechzigsten Breitengrad, geht es dann hinein in die schreienden Sechziger«, grinst er.

»Aber wie gesagt, die Hinreise wird wohl relativ ruhig bleiben, da gerade ein Tiefdruckgebiet durch die Drake-Passage gezogen ist und sich das nächste erst langsam aufbaut. In den dazwischenliegenden Pausen erholen sich die Elemente. Die Tiefdruckgebiete jagen mit zwanzig bis dreißig Knoten rund um die Antarktis, immer in Richtung Osten, also im Uhrzeigersinn. Ein Tiefdruckgebiet folgt dem anderen, nie wird die Wetterfront durch Hochdruckeinfluß unterbrochen. Das bedeutet für uns in der Drake-Passage Wind aus Nordwest, Nord oder Westnordwest. Eigentlich sind diese Tiefdruckzonen gut berechenbar, doch fehlt uns einfach häufig die Zeit, die tagelang anhaltenden Stürme abzuwarten, und dann müssen wir halt durch. So wie die *Explorer* im letzten Jahr«, schwärmt der Kapitän. »Das Schiff ist deutlich kleiner als die *World Discoverer*, und ihre Maschinen sind wesentlich schwächer, so daß es bei hoher See hart zu arbeiten hat. Im vergangenen Dezember gerieten wir auf der *Explorer* zwischen Kap Hoorn und den Südshetlandinseln in einen Orkan. Sturm und Wasser rissen alles ins Meer, was draußen auf den Außendecks festgezurrt war. Und das war einiges, denn zu den Passagieren der *Explorer* zählten auch einige argentinische Wissenschaftler, die bei ihrer Station auf der Antarktischen Halbinsel abgesetzt werden sollten. Schlauchboote, Kisten mit Meßinstrumenten, halt die komplette Ausrüstung ging ihnen verloren. Zwanzig Stunden kämpfte sich die *Explorer* durch die aufgebrachte See, die ganze Zeit hielten wir volle Kraft Kurs Süd, und doch lag unsere Position nach diesen zwanzig Stunden mehr als zehn Seemeilen weiter im Norden als zu Beginn des Unwetters. Das war ein rauher Ritt!«

Argwöhnisch beobachten wir den Zustand der Wasseroberfläche, können jedoch keine Veränderung der tanzenden Schaumkronen feststellen und verlassen uns auf die Vorhersage sowie die Lücke zwischen den Tiefausläufern. »Heute nacht, so zwischen Mitternacht und zwei Uhr früh, kann es etwas ungemütlich werden. Dann überschreiten wir die *Antarctic Polar Front*, die antarktische Konvergenz. Dies ist eine imaginäre Linie, die die nördliche Grenze des antarktischen Ozeans beschreibt. Ihr exakter Verlauf kann sich Jahr für Jahr um bis zu 150 Kilometer mal nach Süden, mal nach Norden verschieben. Rund um die Antarktis verläuft sie jedoch immer zwischen dem fünfzigsten und sechzigsten Breitengrad. Die antarktische Konvergenz markiert das Zusammentreffen des eiskalten Wassers aus dem südlichen Polarmeer mit dem wärmeren Wasser von Atlantik, Pazifik oder Indischem Ozean. Das kalte Antarktiswasser schiebt sich dann unter das warme Wasser der gemäßigten Zonen, wobei die beiden Wassermassen einen Temperaturunterschied von fünf bis sechs Grad Celsius haben. Daß dabei ordentlich Unruhe im Meer entsteht, könnt ihr euch ja wohl vorstellen«, schließt der Kapitän.

»Aber es ist gerade dieses Aufeinandertreffen von kaltem und warmem Wasser, das die Grundlage für das Überleben der hier beheimateten Tiere bildet. Durch das Unterströmen der Wassermassen werden außerordentlich reiche Nahrungsbestände aus den Tiefen der Ozeane in das Oberflächenwasser hinaufgestrudelt, allen voran der Krill. Dieser garnelenartige Kleinkrebs mit einer Länge von fünf bis sechs Zentimetern besitzt einen unerhörten Eiweißanteil. Zwanzig Prozent sind es im feuchten und achtzig Prozent im getrockneten Zustand! Aus dem Blickwinkel der Nahrungskette ist Krill das Kraftfutter der Antarktis. Und das ist wichtig, denn Krill ist die erste Stufe in dieser Nahrungskette für Fische, Vögel und Robben genauso wie für Wale. Während der kurzen Sommermonate mit reichem Lichteinfall von der Sonne vermehrt sich der Bestand der Krillschwärme explosiv, 700 bis 750 Millionen Tonnen Krill bilden dann im Südpolarmeer zwischen dem antarktischen Festland und der antarktischen Konvergenz eine gewaltige Biomasse. Daher endet mit Überschreiten der Konvergenz in Nordrichtung nicht nur der Einfluß des kalten Wassers, sondern auch der Lebensraum Antarktis. Wie eine geographische und biologische Schranke legt sie sich um den eisigen Kontinent«, fügt der Biologe Don Janes hinzu. »Wenn ihr heute nacht durch eure Bullaugen schaut und es draußen dunstig ist, dann sind wir in der Konvergenz, bei der Einfahrt ins Südpolarmeer. Meist liegt die Übergangszone durch den Temperaturunterschied im Nebel. Wenn ihr nicht aus dem Fenster schaut, könnt ihr es daran merken, daß ihr verstärkt in den Betten schaukelt.«

»Bloß das nicht«, denken wir und verlassen die Brücke. Immerhin hatte doch auch die Antarktisexpedition des Schweden Otto Nordenskjöld, der schon 1896 so engagiert die Mylodon-Höhlen-Untersuchung geleitet hatte, eine recht angenehme Überfahrt, als sie fünf Jahre später mit der *Antarctic* durch die Drake-Passage segelte:

Wir biegen um die letzte Landzunge und steuern dann mit frischer Brise geradewegs gen Süden, auf den Drakesund zu, wie man mit einem wenig zutreffenden Namen das breite Fahrwasser, das Amerika von den antarktischen Ländern trennt, nach seinem Entdecker genannt hat. Es ist dies ein eigentümliches Gewässer, die Grenze zwischen zwei Weltteilen und zwischen zwei Weltmeeren.[…] Wir erfreuten uns eines merkwürdig guten Wetters in Anbetracht dieser berüchtigten Gegend. Am 8. Januar hatten wir auf dem 58° s. Br. den herrlichsten Sommertag. Wir saßen im Sonnenschein oben auf dem Achterdeck und tranken unseren Kaffee, und mit einem Glase Punsch stießen wir auf den Erfolg dessen an, was vor uns lag, worauf wir eine kleine Partie spielten.

Der nächste Tag brachte ganz anderes Wetter. Die Temperatur des Meeres hatte sich nicht sehr verändert, sie betrug noch immer drei Grad Wärme, aber die Luft war kalt und schwer. Am Morgen hatten wir dichten Nebel, und am Abend erinnerten uns einige kleine Schneeflocken, daß die lange Reise jetzt hinter uns lag, daß wir quer über den warmen Gürtel der Erde in die Gegenden gelangt waren, wo selbst im Sommer Eis und Schnee Alleinherrscher sind.

Auf der Suche nach einem windgeschützten Platz werden wir im Heck des Boat Deck fündig. Sobald man dem pfeifenden Fahrtwind aus dem Weg geht, kann man die angenehme Wärme des späten Vormittags ungetrübt genießen, und bei einem Glas heißen Zimttee läßt sich sogar das Auf und Ab des Horizonts leidlich entspannt verfolgen. Als wir nach einiger Zeit ziemlich exakt abschätzen können, wie weit sich scheinbar die Reling unter die Wasserlinie schieben und wie hoch sie beim nächsten Zurückschwanken in den Himmel steigen wird, tönt Johns mahnende Stimme durch den Lautsprecher. Er erinnert uns daran, daß in einer halben Stunde in der Lido Lounge die Einweisung in die ›Verhaltensregeln für die Antarktis‹ stattfinden wird.

»Diese Schutzbestimmungen sind international bindend und für jeden Besucher, egal ob Wissenschaftler oder Touristen, gültig. Ein Befolgen der Verhaltensregeln sollte für jedermann selbstverständlich sein, da sie nur eins zum Ziel haben: die Bewahrung des fragilen Ökosystems der Antarktis vor Schäden durch den Menschen. Daher hat der *Wissenschaftliche Rat für Antarktisforschung* folgenden Katalog zusammengestellt«, beginnt John wenig später.

»Der erste Punkt betrifft die Pflanzen: Die Vegetation der Antarktis ist aufgrund der vorherrschenden Witterungsbedingungen nur spärlich und extrem empfindlich. Moose und Flechten wachsen sehr langsam, häufig brauchen sie Jahrzehnte, um sich zu etablieren. Für ein Überleben in diesen vegetationsfeindlichen Zonen benötigen sie ihre gesamte Widerstandskraft. Daher gilt: Niemals auf Moospolster oder Flechtenbüschel treten, Vorsicht bei Geröllhängen mit Pflanzenbewuchs, stets nur auf Steine treten. Fußabdrücke in Mooskissen bleiben bis zu hundert Jahre erhalten, und ein erneutes Anwachsen auf losgetretenem Geröll ist wegen der extremen Temperaturen im Winter für Flechten unmöglich.

Punkt zwei befaßt sich mit den Tieren: Jederzeit Abstand zu Tieren und Nestern halten. Der Mindestabstand zu Pinguinen beträgt fünf Meter, zu See-Elefanten das Dreifache. Bei der Beobachtung von Tieren alle hektischen Bewegungen vermeiden, nicht schnell laufen, nicht vor den Tieren stehenbleiben, sondern besser hocken. Gerade Pinguine sind neugierig und zutraulich; häufig sind sie es, die den Mindestabstand unterschreiten. In diesen Fällen sollte man hocken bleiben und so lange warten, bis sich die Tiere zurückziehen. Keinesfalls abrupt aufstehen und fortgehen! Innerhalb der Pinguinkolonien gibt es ein regelrechtes Straßen- und Wegesystem. Dieses darf nur gekreuzt werden, wenn kein Pinguin unterwegs ist; Stehenbleiben oder Hocken ist auf diesen Pinguinpfaden verboten, da es den Tieren den Weg zum Meer oder zur Kolonie versperren würde. Bei allen Beobachtungen die Tiere niemals einkreisen, sie müssen sich immer zurückziehen können. See-Elefanten und Robben dürfen nur von der landzugewandten Seite beobachtet werden – niemals im Küstenstreifen zwischen ihnen und dem Meer verweilen! Der Weg zum Meer ist der natürliche Rückzugsweg der Tiere; ist ihnen dieser versperrt, drängen sie Richtung Inland. Dabei walzen sie alles nieder, was ihnen im Weg steht – auch Pinguinkolonien. Weiterhin dürfen niemals Tiere oder Eier berührt werden, da die Mutter-Kind-Bindung leicht unterbrochen wird und die Jungen alleine nicht überlebensfähig sind.

Zum dritten und letzten Punkt noch einige allgemeine Hinweise: Nichts von den Anlandungen mitnehmen, keine Steine oder Versteinerungen, keine Federn, Eier, Knochen, Pflanzen, auch keine abgestorbenen Pflanzen, keine Teile von historischen Gebäuden, etwa Nägel, Holzspäne etc. An Land darf nicht geraucht werden, und sämtlicher Abfall gehört zurück auf unser Schiff. Und natürlich schmeißen wir auch nichts über Bord.« Mahnend blickt John in die Runde und schließt: »Ich habe wirklich die Bitte, daß ihr diese Regeln befolgt!«

Der Nachmittag gehört den Seevögeln, insbesondere den Wanderalbatrossen. Fünf von ihnen begleiten schon seit Kap Hoorn die Fahrt der *World Discoverer*, und da trifft es sich bestens, daß Tony Soper zu einem Vortrag über den Alltag dieser Segler einlädt. Den Namen Albatros verdanken sie englischen Seeleuten, die das portugiesische Wort *alcatraz*, das für *großer Meeresvogel* steht, entstellten. Ursprünglich war es der Pelikan, den die Portugiesen von Fahrten in den südlichen Mittelmeerraum kannten, der diesen Namen trug. Aber auf die Albatrosse trifft das Prädikat noch um einiges besser zu. Unter ihnen ist der Wanderalbatros nicht nur der stattlichste Vertreter, er ist auch der größte fliegende Vogel der Welt. Wanderalbatrosse werden gut 1,30 Meter lang und bis zu neun Kilogramm schwer! Mit ihrer enormen Flügelspannweite von dreieinhalb Metern haben sie exzellentes Rüstzeug für ihren Hauptlebensraum: den Himmel über den Meeren. Neun Zehntel seines Lebens verbringt der Wanderalbatros im

Flug. Dabei geben sich die Tiere außerordentlich reisefreudig, wie satellitenunterstützte Messungen ihrer Wanderungen ergeben haben. Ohne Anstrengung können sie auf ihren monatelangen Reisen über die Ozeane die Welt umrunden oder bei der Suche nach Fisch und Tintenfisch von Südgeorgien bis hinauf nach Brasilien und zurück segeln. Den absoluten Streckenrekord hält derzeit ein Weibchen: Während seines 17tägigen Flugs legte es 14 000 Kilometer zurück! Bei diesen Langstreckenflügen kommt ihnen einerseits ein herausragendes Orientierungsvermögen zugute, andererseits die vollendete Beherrschung der Segelflugkunst.

Albatrosse nutzen die unterschiedlichen Windgeschwindigkeiten der über dem Meer liegenden Luftschichten, um sich nahezu ohne Flügelschlag fortzubewegen. Einmal in hohe Zonen aufgestiegen, läßt sich der Albatros langsam mit dem Wind in Richtung Wasser hinabtragen. Knapp über dem Meer, oft zwischen zwei Wellentälern, vollzieht das majestätische Tier eine Wende und dreht gegen den Wind. Die derart unterströmten weiten Schwingen tragen ihn wieder hinauf, und mit einer weiteren Wende beginnt das Spiel von neuem. Oder aber sie lassen sich von der konstant um die Antarktis ziehenden Westwindtrift erfassen, starten also von ihren Brutplätzen in Richtung Osten, um sie aus dem Westen kommend, nach Umrundung des Kontinents, wieder anzusteuern. Flaut der Wind auf ihren weiten Reisen einmal ab, lassen sich die Albatrosse auf dem Wasser treiben. Das Einsetzen von Flügelschlägen, um Distanzen zu überbrücken, wäre für die Segler viel zu kraftaufwendig. Langsames Flügelschlagen kommt nur dann in Frage, wenn es gilt, bei mäßigem Wind eine idealere Luftströmung anzusteuern, oder wenn sie mit offensichtlicher Freude Schiffen folgen. Dann ziehen sie im weiten Radius gleichmäßig ihre Kreise in Form einer Acht, oder sie schweben haarscharf über der Bugwelle.

Da Albatrosse für den Segelflug, nicht aber für Starts und Landungen perfekt angepaßt sind, suchen sie sich bei ihren Landaufenthalten Brutplätze auf hohen Inselspitzen und windgepeitschten Vorgebirgen, um so bei An- und Abflug ausreichend Auftrieb zu finden. Die Periode der Brut ist für sie aber auch schon der einzige Anlaß, um überhaupt an Land zu gehen. Rund um die Antarktis, auf Südgeorgien, den Kerguelen-Inseln und der Heard-Insel, liegen ihre Kolonien. Lebenslang steuern sie dabei den Brutplatz an, an dem sie selbst zur Welt kamen. Und nicht nur hier demonstrieren Albatrosse Treue: Auch eine einmal geschlossene Partnerschaft hält das ganze Leben. Zwischen November und Dezember erreichen Männchen und Weibchen, die die vorangegangenen Monate getrennt verbrachten, ihren Brutplatz. In einem hochritualisierten Balztanz, der sich aus Verbeugungen, Kopfnicken, Flügelspreizen, Schnabelgeklapper und gegenseitiger Gefiederpflege zusammensetzt, drücken die Tiere ihre Zuneigung füreinander aus. Gleichzeitig dient dieser Albatrostanz der Festigung ihrer Bindung. Anschließend widmen sie sich der Säuberung und Ausbesserung des aus Tussockgras und Schlamm gebauten Nests, und Anfang Januar legt das Weibchen ein einzelnes Ei ab.

Knapp achtzig Tage dauert das Bebrüten, bei dem sich Männchen und Weibchen abwechseln, bis im März das Küken schlüpft. Weitere neun Monate ziehen ins Land, bevor ihr Junges endlich flügge ist – neun Monate, die es im Nest verbringt, während die Eltern weite Flugstrecken zurücklegen müssen, um es mit Nahrung zu versorgen. Da Brut und Aufzucht derart zeitaufwendig und mühsam sind, legen die Wanderalbatrosse nur jedes zweite Jahr ein Ei. Die schließlich flugtauglichen Jungen verlassen ihre Kolonie im Dezember und beginnen eine bis zu acht Jahren dauernde Reise über die Ozeane, ohne auch nur ein einziges Mal an Land zu kommen. Erst dann steuern sie zielsicher den Platz ihrer Geburt an und werben um einen Partner, dem auch sie ein Leben lang die Treue halten werden.

Im Laufe ihres Lebens, das meist gut fünfzig, aber auch durchaus achtzig Jahre dauern kann, verändern die Tiere ihr Aussehen. Während die einjährigen Albatrosse noch ein einheitlich dunkelbraunes Gefieder aufweisen, werden ihre Körperfedern sowie die Oberseiten der Schwingen mit den Jahren immer weißer. Im hohen Alter sind die Albatrosmännchen nahezu rein weiß, nur die Unterseiten der Flügel behalten ihre schwarzen Federspitzen. Albatrosse verfügen über einen kräftigen Körper, einen langen Hals und einen großen Kopf mit mächtigem, gedrungenem Schnabel, der bei den Wanderalbatrossen etwa fußlang ist. Schließlich runden relativ kurze Schwanzfedern und die enorm langen, schmalen, aber kräftigen Flügel ihr Erscheinungsbild ab. Breiten sie diese zum Flug aus, sind die Tiere in ihrem Element. Schwarzer Himmel und peitschende Stürme, jagende Gischt und schmetternde Böen, das sind die besten Voraussetzungen für einen gelungenen Albatrostag.

Unsere fünf Wanderalbatrosse fliegen jetzt seit Stunden über dem unruhigem Kielwasser. Ohne einen einzigen Korrekturschlag halten sie Kurs, gleichmäßig gleiten sie mit starr wirkenden, schlanken Flügeln so weit hinab, daß sie die weißen Schaumkronen der hektischen See zu berühren drohen, nur um im nächsten Augenblick wieder mühelos emporzusteigen. »In der Drake-Passage sind die Windströme derart ausgeprägt, da haben es die Albatrosse noch nicht einmal nötig, ihre Wende zu ziehen, um sie auszunutzen«, bemerkt Tony, der zu uns an die Reling getreten ist. »Die Jungs sind einfach fabelhaft!« Als abends um zehn Uhr die Sonne hinter dem Horizont untergeht, ist unsere Eskorte noch lange nicht müde. Wie lange werden sie wohl unsere Fahrt begleiten?

Zum ewigen Eis

Ein weiterer Tag in der Drake-Passage

Mit der nächtlichen Einfahrt ins Südpolarmeer wurde es zum Morgen hin deutlich kühler. Waren es gestern vor Kap Hoorn noch 15 Grad Celsius, stagniert das Thermometer 24 Stunden später bei neun Grad. Parallel dazu sank die Wassertemperatur um fünf Grad und erreicht jetzt nur noch den Nullpunkt. Der Wind hingegen bläst beständig aus Nordwest mit fünf Beaufort, so daß das Logbuch auch weiterhin der See das Prädikat »sehr grob« attestiert. Obwohl sich mittlerweile jeder mit dem schlingernden Zuhause arrangiert hat, ist beim Frühstück allgemeine Zurückhaltung das Gebot der Stunde. Immerhin schiebt sich die *World Discoverer* unaufhaltsam in Richtung der schreienden Sechziger, und man kann ja nie wissen...

»Ach was, das war es schon fast«, beschwichtigt Kapitän Zander später auf der Brücke. »Wie ich gesagt habe, wir haben uns genau zwischen zwei Tiefdruckgebieten hindurchgemogelt. Noch sechs, sieben Stunden, und die See wird spiegelglatt. Wir hatten vorhin Funkkontakt mit einem chilenischen Versorgungsschiff, das auf der Heimreise von seiner Station ist. Die hatten bei ihrer Abfahrt von King George Island schon am frühen Morgen strahlenden Sonnenschein, und jetzt sind sie in topfebener See unterwegs.«

Bis zum Vortrag von Christian Walther, der zum Thema *Antarktika: kältester, höchster und abgelegenster Kontinent* referieren wird, vertreiben wir uns die Zeit mit einem Rundgang über die Decks. Das Krähennest verlassen wir allerdings schleunigst wieder, da der hohe Schwerpunkt des Ausgucks das Hin- und Herpendeln der *World Discoverer* arg verstärkt und im Magen kurzfristig gehöriges Unwohlsein auslöst. Viel besser ist es auf den Außendecks, wo der frische Fahrtwind rasch für Entwarnung sorgt und uns gut durchpustet, bis wir schließlich für den geographischen Streifzug des Geophysikers fit sind.

»Zunächst einmal möchte ich eine kurze Begriffsbestimmung

vornehmen, da im alltäglichen Sprachgebrauch die beiden eigenständigen Lebensräume *Antarktika* und *Antarktis* nur selten getrennt werden«, beginnt Christian. »Unter Antarktika versteht man den antarktischen Kontinent im engeren Sinne, das heißt die Land- und Eismassen des südlichen Erdteils, die sich aus der ostantarktischen Kontinentalplatte und der Westantarktis zusammensetzen. Dagegen ist Antarktis die Bezeichnung einer ganzen Region, nämlich für den weiten Lebensraum rund um den Kontinent Antarktika, also das Südpolarmeer sowie die im Südpolarmeer gelegenen Inseln. Die Grenzlinie der Antarktis wird von der antarktischen Konvergenz definiert.

Der Kontinent Antarktika ist der Kontinent der Extreme – der kälteste, trockenste, windigste, höchste und entlegenste Erdteil. Die Distanzen zu anderen Kontinenten und Ländern sind enorm: Südamerika ist 1 000 Kilometer, Australien und Neuseeland 2 200 Kilometer und Afrika sogar 3 600 Kilometer weit entfernt. Das Zentrum Antarktikas ist der geographische Südpol, um den herum sich die eisbedeckten Landmassen ausbreiten. Der größte Durchmesser zieht sich über mehr als 5 000 Kilometer, von der Antarktischen Halbinsel bis zur Küste von Wilkesland; der kleinste Durchmesser, vom Ross-Schelfeis bis zur Küste von Königin-Maud-Land, beträgt immerhin noch deutlich über 3 000 Kilometer. So ist der Kontinent mit 13,3 Millionen Quadratkilometern und 32 000 Kilometern Küstenlänge im Sommer eineinhalbmal so groß wie Europa oder doppelt so groß wie Australien. Im Winter, wenn der bis zu 1 000 Kilometer breite Packeisgürtel die Küsten umschließt, verdoppelt das Eis auf dem Meer die Fläche Antarktikas noch einmal! Neunzig Prozent des Eises unserer Erde liegen über dem Kontinent, was mehr als siebzig Prozent des globalen Süßwasservorkommens ausmacht.

Die Oberfläche Antarktikas ist zu 99 Prozent von Eis bedeckt, das im Durchschnitt zwei Kilometer, an extremen Stellen auch viereinhalb Kilometer dick ist. Entsprechend kühl fallen die Temperaturen im Jahresmittel aus: In den Küstenzonen sind es durchschnittlich minus 10 Grad Celsius, am auf 2 800 Metern Höhe gelegenen geographischen Südpol minus 28 Grad und am südlichen Kältepol 56 Grad minus. An diesem Kältepol, der nahe der russischen Forschungsstation *Vostok* auf 78° 27' südlicher Breite und 106° 51' östlicher Länge liegt, wurde 1983 mit minus 89,6 Grad Celsius die niedrigste Temperatur der Erde gemessen. Für diese extremen Temperaturen sind mehrere Faktoren verantwortlich: zum einen die sehr schwache Sonneneinstrahlung, zum anderen die durchschnittliche Höhe Antarktikas, die 2 300 Meter beträgt und den Erdteil zum höchstgelegenen unseres Planeten kürt. Die Hauptursache liegt allerdings darin, daß das Inlandeis nahezu lückenlos von Schnee bedeckt ist. Somit ist fast die gesamte Oberfläche rein weiß, wodurch achtzig Prozent der auftreffenden Sonneneinstrahlung reflektiert werden. Darüber hinaus enthält die Luft weder Bakterien noch Staub; die ohnehin niedrige Luftfeuchtigkeit kristallisiert umgehend zu Schnee, und der Himmel ist wolkenfrei: Dem Zurückwerfen der auftreffenden Sonneneinstrahlung steht also rein gar nichts im Weg. Dies zusammen führt dazu, daß das kontinentale Inland zur Kältewüste erstarrt. Bis auf die Nordzone der Antarktischen Halbinsel, wo im Schnitt 800 Millimeter Schnee pro Jahr fallen, sind die Niederschläge Antarktikas kaum erwähnenswert. 100 bis 140 Millimeter sind es durchschnittlich pro Jahr – das ist deutlich weniger Niederschlag, als beispielsweise in der Sahara fällt. Und trotzdem wächst durch die geringen Mengen Neuschnee die Dicke der Eismassen regelmäßig.

Das letzte Extrem sind die Stürme, allen voran die katabatischen Winde. Diese Fallwinde bringen eiskalte Luft vom höher gelegenen Inland und der Polkappe. Ohne abgemildert oder gebremst zu werden, rasen sie hinab zur Küste und erreichen dabei Spitzengeschwindigkeiten von bis zu 320 Stundenkilometern! Wenn die Landwinde die Küste erreichen, werden sie zu Meerwinden, die Richtung Norden über die Ozeane preschen. Ihre stürmischsten Vertreter findet man übrigens in der Drake-Passage. Vielleicht bekommen wir ja auf der Rückreise einen mit. Ich werde auf jeden Fall die Wetterdaten im Auge behalten«, verkündet der offensichtlich sturmfreudige Geophysiker. Sein Vortrag endet mit einem Zitat des amerikanischen Wissenschaftlers und Autors Stephen Pyne: *Es ist das Eis, das das Wesen der Antarktis ausmacht. Vom Rand ins Innere nimmt die Eismenge unaufhalt-*

sam zu. Eis erzeugt neues Eis, Eis verbindet sich mit Eis, Eis ist sich selbst genug.

Zum Nachmittag wird die See ruhiger. Nur noch selten wird die *World Discoverer* gezwungen, sich der Macht der Wellen zu beugen. Hinter dem Schiff verläuft das Kielwasser endlich wieder als gerade Linie – wurde das schäumende Band unserer Fahrt doch annähernd 36 Stunden von Strömung und Wogen auseinandergezerrt. Mit monotonem Brummen verrichten die beiden Diesel ihre Arbeit; auf der letzten Etappe der Drake-Passage legen sich Ruhe und Gleichmäßigkeit über die *World Discoverer*. Das Südpolarmeer ist freundlich gestimmt, und es sendet uns die ersten Vorboten der Antarktis, die Eisberge. Zumeist sind es gewaltige Tafeleisberge, die sich auf den Weg nach Norden machen und im Sommer überall innerhalb der antarktischen Konvergenz zu finden sind. Manchmal drängen sie sogar darüber hinaus. Sie stammen vom über die Küste bis ins Meer geschobenen Kontinentaleis, das sich als Schelfeis vor der Küste lagert. Dort liegt es in Form von schwimmenden Eisplatten, deren Dicke von 800 Metern am Festland- oder Inlandeissaum bis zu 200 Metern an der Wasserlinie variiert. Zwanzig Prozent erheben sich an der Küste aus dem Wasser, immerhin noch stattliche vierzig Meter. Die Ausdehnungen der Schelfeisfelder sind enorm; ihren Höhepunkt erreichen sie im Ross-Schelfeis, das mit 500 000 Quadratkilometern eine Fläche von der Größe Spaniens einnimmt.

Der Rand der Schelfeisplatten steht unter Spannung: Da sind der Druck der nachrückenden Eismassen und die donnernde Brandung an der Wasserlinie. Gemeinsam bewirken sie, daß sich große Blöcke lösen und ins Meer kalben. Ein Eisberg ist geboren! Und er hat meist ein strammes Lebendgewicht: Abhängig von seiner Größe liegt es durchschnittlich bei einigen hunderttausend Tonnen. Wie Schelfeis verbergen Eisberge achtzig Prozent ihrer Gestalt unter Wasser. Über der Wasserlinie zeigen sie häufig nahezu senkrecht aufsteigende Flanken und eine topfebene Oberfläche. Erst Sonne, Wind und Wellen modellieren die Rohlinge zu Skulpturen mit Brandungshöhlen, Grotten, Spalten, Torbögen oder Abhängen, wenn sie auf ihrer im Schnitt dreijährigen Seereise sind. Der größte Tafeleisberg, der jemals gesichtet wurde, hatte eine Länge von knapp 250 Kilometern und eine Breite von mehr als hundert Kilometern. Über zehn Jahre lang verfolgte man seinen Weg via Satellit, bis er schließlich abgeschmolzen war. Die Eisberge rechts und links der *World Discoverer* verteilen sich weit am Horizont. Als wir zu ihnen aufschließen, können wir erkennen, daß sie noch frisch und unbehauen sind. Ihre jahrelange Drift haben sie noch vor sich.

Die Odyssee der *Antarctic*

Von Stunde zu Stunde dringen wir tiefer ins Südpolarmeer ein, unaufhaltsam nähern wir uns unserem Ziel. Von nun an bleiben wir an Deck. Gut eingepackt in dicke Parkas und Thermohosen, mit Mütze, Schal und warmen Handschuhen, harren wir aus. Die Ankunft auf den Südshetlandinseln wollen wir auf keinen Fall versäumen. Während dieser Fahrt schweifen unsere Gedanken unweigerlich zu den frühen Entdeckern und Seefahrern, die sich mit ihren Schiffen auf den Weg machten, getrieben vom unbändigen Willen, die Antarktis zu erforschen. Am frühen Nachmittag waren diese Fahrten das Thema eines Vortrags von Cindy Buxton: die Expedition des Engländers Smith, der 1819 die Südshetlandinseln entdeckte, und die des Amerikaners Palmer, der ein Jahr darauf die Antarktische Halbinsel erreichte; der erste gemeinsame Versuch der Briten Scott und Shackleton, in den Jahren 1901 bis 1904 zum Südpol zu gelangen, sowie die Überwinterungsexpedition des Schweden Nordenskjöld im gleichen Zeitraum; Shackletons zweiter Anlauf 1907 bis 1909, den Südpol zu erreichen, und schließlich die als *Wettlauf zum Südpol* in die Geschichte eingegangenen Expeditionen des Norwegers Amundsen und des Engländers Scott in den Jahren 1911 bis 1912, die Amundsen den Pol erobern ließen und Scott den Tod brachten.

An keiner dieser Routen verläuft der Kurs der *World Discoverer* so nah wie an der Fahrt der schwedischen Überwinterungsexpedition unter Otto Nordenskjöld. Nach erfolgreicher Durchsegelung der Drake-Passage erreichte ihr Schiff *Antarctic* die

Südshetlandinseln Anfang 1902. Nordenskjöld berichtet in seinen Tagebüchern:

Am 10. Januar war die Luft wieder klarer, und wir waren alle auf Deck versammelt, eifrig nach dem ersten Schimmer der Südshetlandinseln ausspähend. Endlich, um 1 Uhr 10 Minuten nachmittags, erschallte von der Kommandobrücke der sehnlichst erwartete Ruf: »Land in Sicht!« Und wirklich, an dem scharf beleuchteten Horizont, der sich später als der Eisschimmer des schneebedeckten Landes erwies, hoben sich etwas Schwarzes sowie einige dunkle Schatten ab. Es war der erste Anblick der König-Georg-Insel, unseres ersten Zieles in den antarktischen Regionen.[...]

Die ganze große Insel besteht aus einer wilden Gebirgslandschaft mit scharfen Zinnen. Überall in den arktischen Regionen trifft man die stärksten Kontraste, die wechselndsten Szenerien, hier aber ist alles in Schnee und Eis begraben; Eis, das aus den Schluchten und den tiefer gelegenen Tälern bis zu den höchsten Spitzen hinaufreicht, ohne auch nur einen einzigen schneefreien Fleck zu lassen, und das eine unendliche, zusammenhängende Decke bildet, so daß das Land wie eine einzige schimmernde Eiswölbung erscheint.

Zu diesem Zeitpunkt konnte kein Teilnehmer der Expedition auch nur ahnen, daß die Fahrt der *Antarctic* einen dramatischen Verlauf nehmen und die Mannschaft nur knapp einer Katastrophe entkommen sollte. Nach dem Erreichen der Südshetlandinseln wurden planmäßig Erkundungsfahrten im Wedell-Meer unternommen. Schwerpunkt waren dabei Tiefenlotungen sowie hydrologische und zoologische Untersuchungen. Anfang Februar wurde es Zeit, die Hauptaufgabe der Expedition in Angriff zu nehmen: den Bau einer Hütte und einer Forschungsstation nördlich der Antarktischen Halbinsel, um während des folgenden Winters ausgiebige meteorologische Beobachtungen sowie magnetische Messungen vorzunehmen.

So lief die *Antarctic* am 12. Februar 1902 Snow Hill Island an, um Nordenskjöld und seine fünf Begleiter an Land gehen zu lassen. Neben dem Expeditionsleiter gehörten zum Überwinterungsteam: der Arzt Ekelöf, der Meteorologe Bodmann, Jonassen, der für die Überwinterungsabteilung angeheuert worden war, sowie Aakerlundh und Sobral, die sich mit astronomischen und hydrographischen Arbeiten befassen sollten. Ohne langes Zögern wurde nach der Ankunft auf Snow Hill mit dem Löschen der Ladung begonnen. Es galt zunächst, die Holzelemente zur Erstellung des Wohnhauses und der beiden Observatorien an Land zu bringen, die sperrigsten Teile der Ausrüstung. Im zweiten Schritt folgten die Einrichtung für das Wohnhaus vom Eisenofen über Vorräte und Küchenausstattung bis zu Betten und Matratzen, anschließend wurden die Beobachtungs- und Meßinstrumente für die Observatorien entladen. Am Abend des 12. Februar war der Großteil der Ausrüstung von Bord geschafft worden, das Löschen von zwanzig Tonnen Kohle und 1 500 Litern Petroleum war für den nächsten Tag geplant. Für die Überwinterungsmannschaft brach die letzte Nacht auf der *Antarctic* an, die allerdings nur kurz währen sollte. Morgens um vier Uhr ließ Kapitän Larsen die Männer wecken, da kräftiger Wind von Norden her gewaltige Eismassen in die Bucht von Snow Hill trieb, die das Auslaufen der *Antarctic* zu verhindern drohten. Hals über Kopf wurden die Petroleumvorräte sowie wenigstens ein Teil der Kohle an Land gebracht und die persönliche Ausrüstung der sechs Männer in den beiden Beibooten verstaut, die bei der Station bleiben sollten. Für eine Abschiedsfeier fehlte jede Zeit. Am Mittag verließ die *Antarctic* Snow Hill und bahnte sich langsam ihren Weg durch das Treibeisfeld.

In den folgenden Wochen wuchsen Hütte und Observatorien schnell, schon bald konnten die Überwinterer ihre Arbeit aufnehmen und zur ersten Schlittenexpedition aufbrechen. Derweil segelte die *Antarctic* unter dem Kommando von Kapitän Larsen mit Kurs auf die Falklandinseln, um dort am 29. März 1902 den Naturforscher Gunnar Andersson an Bord zu nehmen. Unter seiner Leitung führte die *Antarctic* eine umfassende Forschungsreise entlang der Falklandinseln und nach Südgeorgien durch, um schließlich im August nach Feuerland zu segeln. Nach der Rückkehr zum südamerikanischen Kontinent trennten sich für kurze

Zeit die Wege von Andersson und der *Antarctic*. Während sich der Naturforscher in der Folgezeit ausgiebigen Untersuchungen der Geographie Feuerlands widmete sowie die Lebensweise der dortigen Ona-Indianer beobachtete, wurde die *Antarctic* in Ushuaia bis Ende Oktober 1902 überholt und für die bevorstehende Sommerreise ins südliche Eismeer ausgerüstet.

Dann wurde es für Schiff und Mannschaft Zeit, zum zweiten Mal in die Antarktis aufzubrechen, um Nordenskjöld und die Überwinterer aufzunehmen. Der antarktische Winter näherte sich seinem Ende, und die Untersuchungen auf Snow Hill würden bald abgeschlossen sein. Anfang November verließ die *Antarctic* Ushuaia mit Kurs auf die Südshetlandinseln. Wieder stand das Schiff unter dem Kommando von Kapitän Larsen. Dem Großteil der 23köpfigen Besatzung waren die angesteuerten Gewässer schon aus dem Vorjahr bekannt. Wie Larsen begleitete der Botaniker Skottsberg die *Antarctic* nun schon seit über zwölf Monaten, während es für Andersson die erste Fahrt in die Antarktis war.

Am 7. November 1902 passierten die Männer den Breitengrad von Kap Hoorn. Mit gutem Wind segelten sie in die Drake-Passage, aber im Gegensatz zu der Durchquerung zehn Monate zuvor führte die Seestraße diesmal viel Eis. Schon in der Nacht vom 9. auf den 10. November lief die *Antarctic* auf 59° 30’ südlicher Breite in ein Treibeisfeld, und zwei Tage später, auf 61° südlicher Breite, versperrte ein Packeisgürtel der Mannschaft den Weg. In den nächsten Tagen und Wochen kam das Schiff nur schleppend vorwärts. Zwar gelang es der *Antarctic* immer wieder, sich aus dem Packeis zu befreien, aber das kostete Zeit und bedeutete Anstrengungen für Mannschaft wie für Material.

Währenddessen nutzten Nordenskjöld und die Männer der Überwinterungsstation den frühen Sommer, um von Snow Hill zu ausgiebigen Landexpeditionen aufzubrechen. Noch war bis zum verabredeten Treffen mit der *Antarctic* über ein Monat Zeit. Zeit, die für die geplanten Untersuchungen der Geologie der Insel per Hundeschlitten, Schneeschuh, Beiboot oder zu Fuß auch voll benötigt wurde. Diese Erkundungen waren entbehrungsreich, aber sie schienen erfolgreich. In seinen Tagebuchaufzeichnungen vom 3. Dezember feierte Nordenskjöld den Durchbruch seiner Untersuchungen, die seine Theorie von einer einstmals bewaldeten Antarktis untermauern sollten: Während einer Hundeschlittenexkursion hatte er in einem tuffsteinähnlichen Geröllhang eindeutige Abdrücke verschiedener Blätter und Farne entdeckt, die an einer ursprünglich dichten Vegetationsdecke keine Zweifel ließen. Seine Hoffnungen, gerade auf Snow Hill Island auf Fossilienfunde zu stoßen, waren voll erfüllt worden!

An Bord der *Antarctic* nahmen die Probleme im gleichen Zeitraum erheblich zu. Zwar hatte man mittlerweile eisfreies Fahrwasser erreicht und sich ein gutes Stück in Richtung Snow Hill vorarbeiten können, doch kurz darauf versperrte Eis erneut den Weg. Da es aber möglich schien, wenigstens die benachbarte Joinville-Insel mit dem Schiff zu erreichen, wurde in Erwägung gezogen, ob sich ein Teil der Mannschaft über Land und Eis nach Snow Hill durchschlagen sollte. Anderssons Tagebuchaufzeichnungen von der zweiten Dezemberhälfte skizzieren, daß die Umsetzung dieses Plans von Tag zu Tag wahrscheinlicher wurde. Die *Antarctic* lag in einem Packeisgürtel eingeschlossen, der unaufhaltsam Richtung Nordost driftete und die Entfernung zu Snow Hill stetig größer werden ließ. Ende Dezember 1902 stand definitiv fest, daß es ausgeschlossen war, Snow Hill mit der *Antarctic* anzulaufen. Nachdem es Kapitän Larsen gelungen war, durch das Packeis zu brechen, steuerte er einen geeigneten Platz vor der Küste an, um die dreiköpfige Schlittenexpedition vorzubereiten. Andersson, Duse und Grunden sollten versuchen, Kontakt mit den Überwinterern aufzunehmen, um sie über die Widrigkeiten zu informieren. Die Mannschaft der *Antarctic* begann ein Depot an der Küste anzulegen sowie die Ausrüstung für die drei Mann zusammenzustellen. Bevor sie am 29. Dezember von Bord gingen, trafen sie mit Kapitän Larsen folgende Vereinbarungen:

1. Falls die »Antarctic« die Winterstation erreicht: Hat die Landpartie bis zum 25. Januar die Winterstation nicht erreicht, so muß man annehmen, daß sie den Weg versperrt fand, und muß auf dem Depotplatz nach ihr suchen.

2. Falls die Landpartie die Winterstation erreicht: Hat die »Antarctic« nicht bis zum 10. Februar die Verbindung mit der Winterstation erreicht, so gehen sämtliche dort anwesenden Personen über Land nach dem Depotplatz ab. Die »Antarctic« hat dann den Depotplatz zwischen dem 25. Februar und 10. März aufzusuchen; vor dem letztgenannten Tage darf die Nachforschung auf dem Depotplatz nicht ohne zwingenden Grund unterbleiben.

Dies waren die Voraussetzungen, unter denen wir hinausgingen, um über das Inlandeis Snow Hill zu erreichen.

Konnte man den Verlauf der Expedition bisher aus den Tagebüchern von Nordenskjöld bzw. von Andersson entnehmen, werden diese beiden Berichte nun durch die Aufzeichnungen des Botanikers Skottsberg ergänzt, der die Weiterreise der *Antarctic* niederschrieb. Andersson, Duse und Grunden hatten sich voller Optimismus mit Schlitten und Schneeschuhen auf den Weg Richtung Snow Hill gemacht. Sie hofften, in acht bis zehn Tagen mit den Überwinterern der Station zusammenzutreffen, um gemeinsam mit den Kameraden zum Depotlager zurückzukehren bzw. auf die *Antarctic* zu warten. Aber schon am Abend des 4. Januar mußten die drei Männer kapitulieren. Hatten sie bis dahin eine gute Strecke zurückgelegt, so breitete sich nach dem Überschreiten einer Anhöhe vor ihnen die Herbert-Bay aus, eine Meerenge, die unmittelbar in einen weiteren Fjord überging. Allen Eismassen zum Trotz war das Bay-Eis lückenlos mit Wasser bedeckt, so daß ein Weiterkommen über Land unmöglich war. Tief enttäuscht mußte die Schlittenmannschaft ihre Mission abbrechen und umkehren. Ihr an der Küste gelegenes Depot erreichten sie am 13. Januar 1903. Für Andersson, Duse und Grunden begann nun das Warten auf die *Antarctic*. Den Küstenstrich, an dem sie ausharrten, tauften sie auf den Namen *Hoffnungsbucht*. Anderssons Tagebuch erzählt:

Aber die Tage vergingen und aus den Wochen wurden Monate, ohne daß die »Antarctic« wiederkehrte. Die Notwendigkeit, hier überwintern zu müssen, wovon wir früher nur als unbestimmte

Möglichkeit gesprochen hatten, nahm jetzt allmählich die Form einer drohenden Gewißheit an. Mit nur zwei vom Sturm zerrissenen Zelten und einem unzulänglichen Proviantvorrat ausgerüstet, standen wir dem Polarwinter gegenüber. Es handelte sich darum, der Natur die allereinfachsten Mittel zur Erhaltung unseres Lebens: Wohnung, Speise und Feuerung abzuringen.

In bezug auf den Arbeitsplan für den Bau einer Winterhütte waren wir uns bald einig. Solide Wände aus Steinblöcken sollten in Manneshöhe aufgeführt werden, als Dachsparren wollten wir den Schlitten und einige Pfähle, Bretter und dergleichen verwenden und darüber die alte Persenning breiten, die wir bisher zum Schutz über unser Proviantdepot gedeckt hatten.

Während die drei Männer sich derart vorbereiteten, begann die Lage der *Antarctic* aussichtslos zu werden. Am 10. Januar wurde das Schiff abermals vom Packeis umschlossen. Doch diesmal arbeiteten die Kräfte der treibenden Eismassen gegeneinander. Der Rumpf der *Antarctic* wurde in einen Schraubstock aus Eis gepreßt, während peitschende Schneestürme Takelage, Aufbauten und Wanten mit einer stetig wachsenden Eiskruste überzogen. Schwer beschädigt lag die *Antarctic* fest, bis zum 10. Februar trieb sie auf übereinandergeschobenen Packeisschollen, um dann noch ein letztes Mal in offenes Wasser zu gelangen. Skottsberg beschreibt:

Die »Antarctic« schwebte wieder frei dahin! Es sah aus, als beseele sie ein neues Leben, als fühle sie, was auf dem Spiel stand, als wolle sie alle Kräfte aufbieten, um das errettende Land zu erreichen.[…] Ich ging auf die Brücke. Dort stand Larsen, die Spannung war ihm aufs Gesicht geschrieben. Weißt du, was es für einen Schiffer bedeutet, sein Schiff zu verlieren? Das Eis fing an, dichter zu werden; die »Antarctic« machte volle Fahrt, wir mußten versuchen, so weit wie möglich an die Paulet-Insel heranzukommen.[…]

Unten im Schiff fing das Wasser schon an zu steigen, man lief wirr durcheinander und guckte durch die große Luke. »Es steigt! Mit aller Macht an die Pumpen!« Wir arbeiten aus Leibeskräf-

ten, von Zeit zu Zeit einen Blick in den Maschinenraum werfend: Es stieg noch immer! Da, auf einmal schien es weniger zu werden; hurra, es fiel! Einen Augenblick später aber stürzte das Wasser mit unwiderstehlicher Kraft herein. Sechs Pumpen waren in Bewegung, alle strengten sich bis zum äußersten an, Fluten von Wasser strömten durch Schläuche und Röhren heraus, die Winde arbeitete mit fürchterlicher Gewalt, wie nie zuvor, ein ohrenbetäubender Lärm, alle Arme waren in Tätigkeit – alles vergebens! Leise, aber sicher stieg das Wasser, jetzt verschwand das Kielschwein, um nie wieder aufzutauchen. »Alle Mann wecken, sie sinkt!« Es ist heraus: Sie sinkt! Hier war keine Zeit zu Grübeleien. Schnell ans Werk, es war noch viel zu tun. Proviant wurde auf Deck herauf und von da sofort auf eine große Eisscholle hinabgereicht, an der das Schiff mit starken Trossen vertäut wurde. Bald waren alle Mann auf Deck. Berge von Säcken und Tonnen, Fässern und Kisten lagen bunt durcheinander auf der Eisscholle. Matratzen, Planken und Stangen, Werkzeug, Segel und dergleichen, alles lag hier beieinander. Starr vor Entsetzen wurden die Katzen auf das Eis hinab getragen und in eins der Boote gesetzt.[...]

In einer langen Reihe saßen wir auf dem Rande des Eises und konnten unsere Blicke nicht von der »Antarctic« wenden. Sie war wieder näher zu uns herangetrieben, die Entfernung betrug kaum 25 Meter mehr. Noch arbeitete die Maschine, das Feuer war freilich gelöscht, aber der Dampf war noch nicht ganz entwichen. Noch gingen die Pumpen, aber das Geräusch wurde immer schwächer – ihr Atem erlosch. Leise sank sie mehr und mehr; wir glaubten einen Augenblick, daß sie mit dem Vorderteil zuerst sinken würde, bald aber gewann sie ihr Gleichgewicht wieder. Jetzt entschwand der Name am Bug – jetzt reichte das Wasser bis an die Reling, und mit Gerassel stürzten die Eisstücke und die Wassermassen auf das Deck herein. Den Ton vergesse ich nie, so lange ich lebe. Es war unheimlich, es erschütterte mich bis in mein Innerstes!

Jetzt werden die blau-gelben Farben in die Tiefe hinabgezogen – der Besanmast schlägt gegen den Rand unserer Eisscholle und zerbricht, dann fällt der Großmast und bricht ab, die Tonne rasselt gegen den Eisrand, und der Wimpel mit dem Namen »Antarctic« verschwindet in den Wellen. Das Bugspriet – die letzte Mastspitze –

Es ist vorbei.

Nordenskjölds Zuversicht, von der *Antarctic* planmäßig abgeholt zu werden, sank von Woche zu Woche. Mittlerweile war die zweite Februarhälfte angebrochen, der antarktische Sommer neigte sich rapide. Am 18. Februar maß er während seiner Mitternachtswache minus zehn Grad Celsius, anhaltender Sturm trug undurchdringliche Schneemassen über Snow Hill Island, die Nächte waren stockdunkel und sternenlos. Trotzdem gelang es Nordenskjöld, in den folgenden Tagen einen nahegelegenen Aussichtshügel zu besteigen, um sich Klarheit über die Eisverhältnisse in der Bucht zu verschaffen. Der Anblick des vollkommen verschlossenen Wassers entsetzte ihn; nun wurde es für die Überwinterungsmannschaft zur Gewißheit, daß noch ein weiterer Winter auf Snow Hill vor ihnen lag.

Nach dem Untergang ihres Schiffes brach die zwanzigköpfige Besatzung der *Antarctic* über das Eis auf, um sich nach Paulet Island durchzuschlagen. Mit Beibooten und Schlitten schleppten sie die Ausrüstung, die sie vom Schiff hatten retten können, über zerklüftete Eisplateaus, oder sie versuchten, an offenen Stellen im Wasser voran zu kommen, immer in der Furcht, daß die beiden völlig überladenen Boote sinken könnten. Ende Februar hatten sie Paulet Island erreicht, und am 1. März 1903 begannen sie mit dem Bau einer Hütte. Neben den mitgeführten Werkzeugen und Überresten der *Antarctic* nutzen sie die Gegebenheiten von Paulet Island bestmöglich, um den Bau zügig voranzutreiben. Unterhalb eines Hügels, dessen Hänge von gleichmäßigen Basaltschichten bedeckt waren, wählten sie den Bauplatz. Während die Wände der Hütte mit aus dem Hang gebrochenem Basaltbrocken hochgezogen wurden, bildeten Bretter, Sparren aus Zeltstangen und Bootsharken den Dachstuhl, der mit einem Segel überzogen wurde.

Bald legte sich der Winter über die drei Stationen von Snow Hill, Hoffnungsbucht und Paulet Island. Im Zeitraum Ende März bis Anfang Oktober bestand für die Männer kaum Gelegenheit, ihre Hütten zu verlassen. Für Nordenskjöld und die Mannschaft auf Snow Hill brach der zweite Winter an:

Mit unserem kleinen Haus konnten wir noch immer zufrieden sein, wenn es auch im Laufe der Zeit nicht besser geworden war. Als unsere Kerzen zur Neige gingen und eine Hängelampe in unserer Schlafkoje angebracht wurde, schrieb ich in mein Tagebuch: Die Lampe leuchtet beinahe zu gut, denn es ist nicht angenehm, in diesem grellen Licht die schmierige Pappbekleidung der Wände zu sehen, die mit Schneekristallen, Wassertropfen und Schimmel überzogen und mit schmutzigen Kleidern und Schuhen behängt ist. Die armen Bilder sind schwarz und feucht, alle eisernen Gegenstände sind verrostet, und das Bettzeug ist nahe daran, auseinanderzufallen. Ein noch drastischerer Beweis für die Feuchtigkeit in unsern Schlafkammern drängte sich mir bei einer Gelegenheit auf, die ich meinem Tagebuch mit folgenden Worten schildere: Wenn wir auch in den unteren Kojen nicht durch das Tropfen von der Decke zu leiden haben, so macht sich statt dessen die Feuchtigkeit von unten um so mehr geltend. Meine Bücher und Papiere, die ich in einer Kiste an der Erde aufbewahre, sind naß und schimmelig und würden in wenigen Wochen ganz verdorben sein, wenn sie nicht so häufig gelüftet und getrocknet würden. Nachdem ich nun einige Tage weg gewesen war, empfand ich mehr denn je den modrigen, apfelähnlichen Schimmelgeruch in meinem Bett. Ich hatte freilich nicht erwartet, daß der Boden dort so fruchtbar sei, wie es sich jetzt erwies. Eine Erbse, die zufällig in das Bett hineingeraten war, hatte dort nicht nur dezimeterlange Wurzeln geschlagen, sondern auch einen langen Stengel mit kleinen, unterentwickelten Blättern getrieben. Gelb war sie freilich, Sonnenlicht hatte sie nicht gehabt. Als ich dann den Versuch machen wollte, meine Matratzen zum Trocknen in den Sonnenschein hinauszutragen, stellte es sich heraus, daß die untere sich in eine aufgelöste Masse verwandelt hatte, die nicht mehr von der Stelle bewegt werden konnte. »Die obere werde ich hoffentlich bis zum Sommer erhalten können, wenn dann nur das Schiff kommt!«

Aber auch die Hütte von Andersson, Duse und Grunden in der Hoffnungsbucht hatte ihre Tücken: *Als die kalten Stürme tobten, war die Hütte unser trauliches Heim, das wir in dankbarsten Worten priesen. Als aber das wärmere Wetter kam, verfluchten wir sie als unausstehliches Loch.*

Wir hatten zu Anfang des Winters die Vorstellung gehabt, daß wir gegen eine viel strengere, aber einigermaßen gleichmäßige, anhaltende Kälte zu kämpfen haben würden. Um uns gegen diese zu schützen, bedeckten wir nicht nur die Außenwände, sondern auch das Dach mit einer Schneeschicht. Aber es währte nicht lange, bis das Tauwetter im Verein mit der inneren, durch das Kochen ausgestrahlten Wärme der Hütte diese Schneedecke in einen lebhaften Schmelzzustand versetzte, so daß durch die unzähligen kleinen Löcher in der alten Persenning ein förmlicher Regenguß herabströmte. Nordwinde mit einer Temperatur von um und über Null, und Südweststürme mit schneidender Kälte lösten einander jetzt in schneller Folge ab.[...] Es war der Fluch unseres Daseins, daß wir uns einen Tag gegen die schneidende Kälte des Sturmes, den andern gegen das fließende Schmelzwasser verteidigen mußten.

Zuweilen überfiel uns das Tauwetter, während wir schliefen. Duse, der an der niedrigsten Stelle des abschüssigen Zeltbodens lag, erwachte dann infolge eines sonderbaren Kältegefühls und fand, daß er mitten in einer Wasserlache lag, die sich am Zeltboden angesammelt hatte. Große Wassertropfen fielen überall von der Decke in schnellem Tempo auf uns herab, bald auf die Schlafsäcke, bald gerade in unsere Gesichter. Wir suchten, so gut wir konnten, diesem abscheulichen Tropfenfall zu entgehen, indem wir überall, wo das Wasser durch das Zeltdach sickerte, leere Konservendosen aufhängten. Diese Tropfensammler mußten dann oft geleert werden, was Anlaß zu allerlei Unannehmlichkeiten gab. Im übrigen bahnte sich das Wasser fortwährend neue Wege durch das Zeltdach, so daß das Dach schließlich voll baumelnder Dosen hing, die einer Sammlung bunter, leider aber beständig dunkler Laternen glich.

Durch Skottsbergs Tagebücher weiß man von den zwanzig Überwinterern auf Paulet Island: *Jetzt kommt eine angenehme Überraschung. Der Steuermann, mein Nachbar, wühlt eine Weile in seinem Kleidersack und bringt schließlich einen alten Schuh zum Vorschein. Ich mache große Augen, als er aufgeschnürt wird und es sich herausstellt, daß er – Zigarren enthält. Eine Zigarre! Ich liege gegen das Kopfende zurückgelehnt und blase die leichten Rauchwolken vor mich hin, die leise zu der Decke aufsteigen und sich mit dem dichten Qualm vermischen, den unsere Tranlampen ausströmen. Wir hatten einige kleine, einfache Lampen mitgenommen, die im Maschinenraum der »Antarctic« hingen, und brannten nun Tran darin. Das ging ausgezeichnet, abgesehen von dem fürchterlichen Qualmen. Alles, was wir besaßen, selbst der eigene Körper, wurde vollständig mit Ruß überzogen. Aber wir wollten ungern auf diese spärliche Beleuchtung verzichten. Das Tageslicht drang nur schwach durch die kleinen Fenster, die trotz aller Bemühungen ganz oder doch zum Teil zugeschneit waren.[…]*

Das Sparen ist hier in der Welt nicht immer leicht. Der Tabak da unten im Elend regte die Leute mehr denn je an, deswegen rauchte man im allgemeinen leichtsinnig drauflos und entdeckte eines schönen Tages, daß der Vorrat unwiederbringlich verbraucht war. Mit Wehmut betrachtete der Verschwender jetzt seine sparsameren Kameraden, zu denen auch ich mich zählen konnte. Hin und wieder bot man diesem oder jenem eine Pfeife an, um nicht die abscheulichen Surrogate für Tabak zu sehen, die bald zur Anwendung gelangten. Nie werde ich den alten Halsum vergessen, wie er dastand und eine Rauchwolke von haarsträubendem Duft in die Luft entsandte; er rauchte abgebrühte Teeblätter, mit Schnupftabak vermischt.[…]

Es war mein Amt, so lange die Lektüre vorhielt, jeden Abend ein wenig laut vorzutragen. Nie werde ich diese Winterabende vergessen; ich saß dort zusammengekrochen im Schlafsack, das Buch und eine Stearinkerze auf dem Knie, während die Reifflokken vom Dach schimmernd auf die Blätter hinabtanzten, und rings umher lagen die neunzehn und lauschten andächtig.

Zum Ende des Winters waren Andersson, Duse und Grunden die ersten, die ihre Hütte verlassen konnten. Wie schon im letzten Januar wollten sie versuchen, sich von der Hoffnungsbucht per Schlitten zu Nordenskjöld und seinen Männern nach Snow Hill durchzuschlagen. *Am 29. September brach endlich der Tag der Abreise an. Die Türöffnung war, wie immer nach einem Unwetter, zugeschneit. Aber an diesem Morgen machte sich der Koch nicht die Mühe, uns auf gewohnte Weise auszugraben. Sobald er sich davon überzeugt hatte, daß das Wetter windstill und freundlich war, riß er das provisorische Dach von dem Vorplatz herunter und kletterte auf diesem Wege hinaus. Der Himmel war wolkenbedeckt und die Luft nebliggrau, aber es war kein Grund zum Zaudern vorhanden. Es war noch nicht 5 Uhr, als er die Kameraden weckte.[…]*

Duse hatte während der letzten Sturmtage auf ein Stück Holz folgende Inschrift geschnitzt:

J. G. Andersson, S. Duse, T. Grunden
from S. S. »Antarctic«
wintered here 11. 3. – 28. 9. 1903.

Diese Tafel wurde an die Stange des großen Zeltes gebunden, die wir dann an der Wand der Hütte befestigten. Unter der Tafel wurde eine Flasche angebracht, in der einige in englischer Sprache abgefaßte Mitteilungen enthalten waren.[..] Es war bereits 4 Uhr nachmittags, als dies alles besorgt und der Schlitten beladen war. Gegen 6 Uhr schlugen wir unser Zelt an einem Moränenrücken auf dem Landeisabhang auf, wohin wir vor einigen Tagen allerlei Proviant getragen hatten. Während wir uns zur Nachtruhe anschickten, begann ein verdächtiger Wind das Zelt zu umheulen.

Bis zum 12. Oktober 1903 kämpften sich Andersson, Duse und Grunden durch Schnee und Eis, ihrem Ziel Snow Hill kamen sie Schritt für Schritt näher. Der zwölfte dann war ein klarer und sonniger Tag: *Um 1 Uhr hatten wir halt gemacht, um unser Mittagessen zu kochen. Hier und dort auf dem Eise lagen kleine Gruppen von Seehunden, wir waren eben an zweien vorüberge-*

kommen, und eine Strecke weiterhin lag noch eine ganze Schar. »Das sind doch verteufelte Seehunde, die kerzengerade aufrecht stehen,« sagte einer von uns und zeigte auf ein paar dunkle Gegenstände, die sich in weiter Ferne von dem Eis abhoben. »Sie bewegen sich!« ruft ein anderer aus.

Ein fieberhafter Eifer erfaßt uns. Das Fernrohr wird hervorgeholt. »Es sind Menschen, Menschen!« ertönt der Ruf. Duse feuerte ein paar Schüsse aus seiner Pistole ab, worauf er und ich schnell die Schneeschuhe anlegten und dahineilten, um die kleine dunkle Gruppe zu erreichen, die sich dort in der Ferne schnell vorwärts bewegte. Wer waren sie? War es eine Schlittenpartie von der Winterstation, oder waren es vielleicht Leute von der »Antarctic«?

Jetzt hatten sie uns bemerkt und kamen uns entgegen. Es waren zwei Männer und ein Hundeschlitten, also mußten sie von Snow Hill kommen. In dem Mann, der vor dem Hundeschlitten herlief, erkannten wir jetzt Nordenskjöld. Als wir noch ein wenig näher gekommen waren, bogen die grönländischen Hunde in wilder Flucht nach der Seite ab beim Anblick der wilden Männer. Was sich in dem ersten verwirrenden Augenblick der Begegnung zutrug, vermochte ich nicht klar zu begreifen. Ich entsinne mich nur, daß Duse nach der »Antarctic« fragte und daß ich ohne weiteres, mein verwildertes Aussehen völlig vergessend, Nordenskjöld die Hand mit einem »Guten Tag, Otto!« hinstreckte.

Nordenskjöld hatte den anbrechenden Frühsommer genutzt, um mit seinem Begleiter Jonassen zu neuen Untersuchungen aufzubrechen. Das unerwartete Zusammentreffen liest sich in seinem Tagebuch so: *Auch die Hunde schienen jetzt zu begreifen, daß etwas Merkwürdiges bevorstand, sie rannten wie nie zuvor. Jonassen rief mir etwas zu, was ich nicht verstand. Hinterher erzählte er mir, er habe gefragt, ob ich nicht der Sicherheit halber den Revolver herausholen wolle, um auf alle Möglichkeiten vorbereitet zu sein.*

Das Gefühl der Furcht wie jeder klare Gedanke lagen mir in diesem Augenblick völlig fern, ich war ganz davon in Anspruch genommen, die uns Entgegenkommenden anzustarren. Denn was sah ich wohl vor mir? Zwei Männer, schwarz wie Ruß, von Kopf zu Fuß mit schwarzen Kleidern, schwarzen Gesichtern und hohen schwarzen Mützen, die bei Jonassen und mir den Gedanken an Zylinder erweckten.[...] Nie zuvor hatte ich einer solchen Mischung von Zivilisation und dem äußersten denkbaren Grad der Verwilderung gegenübergestanden; mein Mutmaßungsvermögen stand still, als ich mich bemühte, ausfindig zu machen, was für eine Art Menschen dies sein könnte.

Andersson, Duse und Grunden stießen zu der Mannschaft von Snow Hill und beteiligten sich nach kurzer Erholung an gemeinsamen geologischen Untersuchungen. Nur die mit Spannung erwarteten Nachrichten über das Schicksal der *Antarctic* konnten sie nicht bringen.

Die Überwinterer von Paulet Island mußten wetterbedingt bis zum späten Oktober 1903 in ihrer Hütte ausharren. Am 31. endlich konnte Larsen, der Kapitän der *Antarctic*, mit fünf Männern aufbrechen: Mit einem Beiboot wollten sie versuchen, entlang der Küste zum letztjährigen Depotplatz an der Hoffnungsbucht zu gelangen oder gar Snow Hill zu erreichen. Trotz schwerer Unwetter mit gewaltigen Stürmen und bedrohlicher Brandung, die beinahe zum Kentern des Bootes geführt hätten, gelang es den Männern, bis zur Hoffnungsbucht vorzustoßen. Am Depotplatz fanden sie die aufgestellte Tafel von Andersson, Duse und Grunden sowie die Flasche, die neben einigen Mitteilungen auch eine Kartenskizze der gewählten Route nach Snow Hill enthielt.

Am 7. November 1903 erreichten Larsen und seine fünf Begleiter Snow Hill. Die Expedition war annähernd wieder vereint. Nur Skottsberg und der Großteil der gestrandeten Mannschaft saß noch in der Hütte auf der Paulet-Insel fest. Von nun an überschlugen sich die Ereignisse: Einen Tag nach Larsens Ankunft lief das argentinische Schiff *Uruguay*, das ausgesandt worden war, nachdem man keine Nachrichten mehr von der *Antarctic* erhalten hatte, in der Bucht unterhalb Snow Hill ein. Die *Uruguay* nahm die Männer und große Teile ihrer Ausrüstung an Bord und segelte nach Paulet Island, um die übrigen Teilnehmer der schwedischen Expedition zu retten. Am 10. November ließ die

Uruguay ihr Schiffshorn vor Paulet Island dröhnen. Skottsbergs Tagebuch endet:

Ich schlief nicht gut in dieser Nacht, kroch schon gegen 4 Uhr aus dem Sack heraus und schlich ins Freie. Draußen herrschte Totenstille, das Meer lag wie ein Spiegel da. Wie gewöhnlich schweiften meine Blicke nach dem Horizont – nichts, nichts zu sehen. Woher sollte da auch wohl etwas zu sehen sein? Mit einem Seufzer schlich ich an die Tür, ging wieder hinein, kroch in meinen Sack und nahm mir vor, noch ein wenig zu schlafen.

Aber was in aller Welt war denn das? Ein Ton durchdringt die Nacht, ein wohlbekannter Ton, nur hier unten undenkbar! Nein, ich mußte wohl geträumt haben! – Er wiederholt sich, wieder und wieder – nein, es war so, es konnte nicht anders sein – das Schiff war da! Aus dem Sack heraus! Ein paar Püffe in die benachbarten Säcke: Hört ihr denn das Schiff nicht? – Das Schiff, das Schiff! Hurra! Ein Schiff! Arme fechten in der Luft umher, ohrenbetäubende Schreie, so daß die Pinguine draußen erwachen und mit einstimmen. Erschreckt springt die Katze an den Wänden in die Höhe, es entsteht ein Gedränge an der Tür, und bald stehen wir draußen auf dem Hügel, unangekleidet und schrecklich anzuschauen. Hurra! Da liegt das Schiff! Wir wagen kaum unsern Augen zu trauen, aber es muß ja wahr sein, wir kommen nach Hause, zu Weihnachten nach Hause! Es lebe das Leben.

Die Winterhütte auf Snow Hill Island

Entlang der Südshetlands

Die Pinguininsel

Es ist nach neun Uhr abends, die *World Discoverer* gleitet durch die tiefdunkle, ruhige See, als in noch weiter Entfernung die Silhouette von Nelson Island aus dem Meer wächst. Wie ein schwerer Teppich breiten sich grauschwarze Wolkenbänder über Schiff und See. An den Rändern des düsteren Himmels aber fächert die tief stehende Sonne weiches Licht auf unsere Steuerbordseite und die Küstenlinie am Horizont. Der weiße Saum der schneebedeckten Inselausläufer wirkt gleichmäßig zum Meer hin geneigt. Einige Hügelrücken, die der Wind von ihrer Schneelast befreit hat, recken sich empor. Sie tragen das Grau des Himmels.

Beim Näherkommen wird jedoch sichtbar, daß der Übergang vom Land zum Meer weit weniger fließend ausfällt, als es noch aus der Distanz schien. Die Vorherrschaft der Eisdecke hatte die zerklüftete Felskulisse zur Ebene modelliert und Senken wie Abhänge mit Schnee und Eis verfüllt. Doch die Abbruchkanten von Fels und Eispanzer stellen sich als schroffes Bollwerk dem fordernden Wasser entgegen, die Westflanke von Nelson Island gibt sich unzugänglich. Langsam passiert die *World Discoverer* die Küste der nahezu quadratischen Insel, um an ihrem Südausläufer Kurs Ost zu setzen und in die Nelson Strait einzulaufen. An ihrem Ende gelangen wir in die Bransfield Strait, die weite Seestraße, die sich zwischen der Antarktischen Halbinsel und den Südshetlandinseln ausbreitet. In den nächsten Stunden wird unser Schiff der Bransfield Strait in nördlicher Richtung folgen und in der Nacht dann zwischen Penguin Island und King George Island ankern.

Einigermaßen durchgefroren beschließen wir, den Tag in der Discoverer Lounge ausklingen zu lassen. Joe ist gerade damit beschäftigt, seine Vorräte zu inspizieren und entstandene Lücken im Flaschenregal aufzufüllen. Ihm gegenüber sitzt Heidi, ein Glas mit schlammfarbenem Inhalt und darüber züngelnden Flammen in der Hand haltend. Auf unser Nachfragen reagiert sie irritiert: »Was, das kennt ihr nicht? Das ist mein absoluter Favorit, den müßt ihr probieren!« Prompt macht sich Joe an die Arbeit: Liköre von chilenischem Kaffee, irischem Whisky und französischen Orangen werden wild in seinem chromblitzenden Shaker vermengt, dickflüssig rinnt der Sud in unsere Gläser. Dann drückt er jedem einen Strohhalm in die Hand und mahnt: »Der muß in einem Ruck runter, während er brennt!« Durch ein beherztes Saugen am Strohhalm entziehen wir dem Feuerchen seine Grundlage, tapfer halten wir Heidis erwartungsvollem Blick stand. »Ja, doch«, loben wir schaudernd unter demonstrativem Nicken, »vielleicht ein bißchen klebrig, aber ansonsten…« Nur knapp entkommen wir einer zweiten Runde.

Um sieben Uhr früh rauscht unser Zodiac dem Strand von Penguin Island entgegen. Die Insel ist die Spitze eines aus dem Meer ragenden Vulkankegels, dessen höchster Punkt am Deacon Peak gut 180 Meter mißt. Neben dem Hauptkraterrund mit 350 Metern Durchmesser und 75 Metern Tiefe gibt es auf Penguin Island noch den Petrel Crater. Dieser seegefüllte Nebenkrater ist deutlich kleiner und erheblich jünger. Durch Altersuntersuchungen an Moosen und Flechten, die an seinen Hängen und in der direkten Umgebung wachsen, konnte festgestellt werden, daß er weniger als hundert Jahre alt ist. Noch vor ein- bis zweitausend Jahren war ganz Penguin Island ein flaches Lavaplateau, dessen geröllbedeckte Oberfläche sich gerade 17 Meter über der Wasserlinie befand. Bis heute geblieben sind die weiten Geröllhalden, deren faustgroße Steine von Wellen und Eis rundgeschliffen wurden. Ein schmaler Saum aus kleingestoßenen Eisplatten dümpelt vor dem dunklen, nur leicht abfallendem Steinstrand. Hier macht das Zodiac fest, und wir gehen an Land.

Nach mehr als zwei Tagen haben wir endlich wieder festen Boden unter den Füßen. Schnell ist der Strand überquert, und wir stehen in einem zurückgelegenen weiten Halbkreis aus fester Lava, den die Bewohner von Penguin Island als Kolonieplatz bevorzugen. Ein Wall steil aufragender Felsen, dessen monotones Grau vom leuchtenden Gelb und Orange daran haftender Flechten aufgelockert wird, fungiert als Windschutz. Bevor wir uns der eingehenden Beobachtung der ortsansässigen Tierwelt widmen, werden wir von Tony Soper zunächst umfassend in das Thema »Pinguin« eingeführt. Wir erfahren, daß sich die weltweit 122 Millionen Pinguine in 17 Arten untergliedern lassen, die allesamt auf der Südhalbkugel leben. In der Antarktis sind davon aber nur sieben Arten zu Hause: Kaiser-, Königs-, Goldschopf-, Felsen-, Zügel-, Adélie- und Eselspinguin; die letzten drei haben auf Penguin Island kleine Kolonien.

»Pinguine haben einen kräftigen, relativ schweren Körperbau, der spindelförmig angelegt und exzellent an den Lebensraum Wasser angepaßt ist«, erklärt Tony. »Obwohl wir diesen Lebensraum ganz automatisch der Gattung Pinguin zuordnen, muß man sich vor Augen halten, daß es sich bei ihr ursprünglich um eine Vogelart handelt. Mittlerweile ist es unumstritten, daß die Vorfahren der Pinguine Seevögel waren. Im Vergleich mit typischen Seevögeln, die meist im Flachwasser auf Nahrungssuche gehen, ist der Pinguin aber ein tauchender Jäger, so daß sein Körperbau den gegensätzlichen Anforderungen des Tauchens und des Fliegens gerecht werden mußte. Dieser Anspruch war zum Scheitern verurteilt. Die Tiere waren gezwungen, eines der beiden Elemente aufzugeben, wenn sie sich nicht in der Luft wie unter Wasser mit Mittelmaß zufriedengeben wollten, was langfristig zu ihrem Aussterben geführt hätte. Die Theorie, daß Pinguine die Flugfähigkeit zugunsten ihres Tauchpotentials aufgegeben haben, wurde erst mit Beginn des 20. Jahrhunderts durch vielfältige Studien untermauert, einen hundertprozentigen Beweis dafür wird man indes wohl nie finden.

Durch das Vernachlässigen des Fliegens verwandelten sich die Flügel der Pinguine zu Flossen und Rudern, die zwar flacher und kürzer, dafür aber stärker und muskulöser wurden. Ihre Bewegungsabläufe hingegen verlernten sie nicht, so daß sich die Tiere bei ihren Tauchgängen durch regelrechtes ›Unterwasserfliegen‹ fortbewegen. Diese einmalige und hocheffiziente Antriebsquelle der Pinguine findet Unterstützung in der Stromlinienform ihrer Körper, die dem Wasser wenig Widerstand bietet und von den weit hinten ansitzenden kurzen Beinen vollendet wird. Zwar sorgt der Tauchperfektionismus dafür, daß sich die Tiere an Land nur aufrecht gehend fortbewegen können, doch ist die enorme Geschicklichkeit und Geschwindigkeit unter Wasser das Opfer wert. Immerhin spielt sich die gesamte Nahrungssuche im Meer ab, und viele Arten leben während der bis zu acht Monaten dauernden südlichen Winter ausschließlich in den rauhen Gewässern des Südpazifiks.

Jedes Detail deutet auf den Lebensraum Ozean, sogar das ›Tragen des Fracks‹. Das schwarzweiße Federkleid macht die Brustschwimmer im Wasser nahezu unsichtbar: Durch die Weißfärbung der Bauchpartien und Flügelinnenseiten sind sie von der Tiefe aus gegen den hellen Himmel kaum auszumachen, und aus der Vogelperspektive betrachtet, verlieren sie durch das Schwarz von Rücken und Flügelaußenseiten jegliche Kontur im dunklen Meer. Vor Feinden bestens geschützt, können sie gut getarnt auf Beutefang gehen, was sie auch außerordentlich häufig machen. Pinguine haben einen riesigen Hunger, und es ist keine Übertreibung zu sagen, daß ihr Magen knapp unter dem Kopf beginnt und bis zwischen die Füße reicht. Hauptsächlich ernähren sich die Tiere vom ernergiereichen tierischen Plankton, dem Krill. Bei einem einzigen Beutezug vertilgen Pinguine zirka ein Viertel ihres Körpergewichts, und da es weniger als sechs Stunden dauert, bis sie die Nahrung verdaut und in Wärme und Fett umgesetzt haben, geht es mindestens viermal am Tag auf Futtersuche. Am Ende eines Tages hat jeder Pinguin mindestens so viel Krill verputzt, wie er selber auf die Waage bringt. Bei den Adélie-, Esels- und Zügelpinguinen sind das stramme fünf bis sieben Kilogramm!«

Verblüfft schauen wir auf die gefräßigen Kerle, die unweit von unserer Unterrichtsstunde auf ihren Koloniestraßen unterwegs sind, und der Passagier aus Oklahoma nickt anerkennend. »Noch ein Wort zum Abschluß«, sagt Tony. »Ein Großteil der aufgenommenen Energie wird von den Pinguinen in Wärme umgesetzt, und das, obwohl sie annähernd perfekt gegen Kälte isoliert sind. Ihr eingefettetes Außenfederkleid ist enorm dicht, durchschnittlich bedecken zwölf Federn jeden Quadratzentimeter. Die kurzen, öligen Deckfedern sind absolut wasserabweisend und so angeordnet, daß sie sich schuppenartig wie Dachziegel überlappen. So ist das darunterliegende wollige Daunengefieder bestens vor

Feuchtigkeit geschützt. Zwischen diesem Gefieder und der Pinguinhaut befindet sich eine isolierende Luftschicht, die ein Verpuffen der erzeugten Wärme verhindert, und direkt unter der Haut beginnt eine zwei Zentimeter dicke Fettschicht. Das System ist derart effizient, daß trotz ihrer Körpertemperatur von 38 Grad Celsius auf ihr Gefieder rieselnder Schnee nicht schmilzt! Allerdings müssen sie auf der anderen Seite aufpassen, sich nicht zu überhitzen, wenn im Sommer die Temperaturen über dem Gefrierpunkt liegen. Als erfolgreiche Gegenmaßnahme hilft dann entweder das Aufstellen der Deckfedern, so daß es von der Außenluft unterströmt werden kann, oder das Abspreizen der Flügel, damit die gut durchbluteten Unterseiten ihre Wärme abgeben können. Versagen beide Maßnahmen, kühlen sich Pinguine, indem sie Schnee fressen. Hängt euch nachher mal an Don Janes, er wird nicht umsonst ›Adélie-Don‹ genannt«, endet Tony.

Unablässig pilgert die Prozession der etwa siebzig Zentimeter großen Adéliepinguine zwischen Kolonie und Meer über das Lavaplateau. In Reih und Glied, mit zum Balancehalten leicht abgestreckten Flügeln pendeln sie hintereinander. Keiner verläßt den Haupttrampelpfad des Wegesystems, so daß wir stets Kollisionen zwischen hungrig Aufgebrochenen und satten Heimkehrern befürchten, aber irgendwie quetschen sie sich dann doch aneinander vorbei. Gleich hinter der Adélieachse lagert eine Gruppe junger See-Elefanten, die es sich unterhalb der windabhaltenden Lavawand gemütlich gemacht hat. Dem geschäftigen Verhalten der Pinguine schenken sie keinerlei Aufmerksamkeit. Sie dösen, und nur ab und zu erinnert ein herzzerreißendes Schnauben daran, daß sie kein glattgeschliffener Fels sind.

Adéliepinguine sind mit einem Bestand von vierzig Millionen Exemplaren nicht nur die am häufigsten vertretene Pinguinart, sie sind – neben den mächtigen Kaiserpinguinen – auch die einzig wahren Antarktispinguine. Dies bedeutet, daß ihr Lebensraum streng auf das Gebiet der Antarktis begrenzt ist, während ihre beiden Verwandten in der Pygoscelis-Familie, die Zügel- und Eselspinguine, auch auf weiter nördlich gelegenen subantarktischen Inseln zu finden sind. Um der Kälte ihrer weit im Süden liegenden Brutplätze zu trotzen, ist das Federkleid der Adélies nochmals bedeutend dichter als bei anderen Pinguinen – selbst die Schnabelwurzeln sind befiedert! Kopf, Wangen und Kehle der Adélies sind genau wie ihre Rücken tiefschwarz, das Bauchgefieder weiß, zunächst also die klassische Pinguinerscheinung. Als Charakteristikum tragen die Tiere allerdings einen weißen Augenring, der als kreisrunder, heller Federkranz um ihre Augen liegt. Nun wäre es naheliegend gewesen, dieses typische Merkmal in die Namengebung der Tiere einfließen zu lassen, aber weit gefehlt: Der französische Seefahrer Dumont d' Urville, der in den Jahren 1837 bis 1840 mit seinen beiden Korvetten *Astrolab* und *Zélée* mehrere Vorstöße in das Gebiet um den südlichen Polarkreis unternahm, hatte da seine eigenen Vorstellungen: Er taufte nicht nur den von ihm entdeckten Küstenstrich (Terre Adélie) auf den Namen seiner Frau, er schenkte ihn auch gleich den dort beheimateten Pinguinen. Ob diese Widmung angesichts des nicht abreißen wollenden Gezeters, mit dem Pinguine bei jeder Gelegenheit auf sich aufmerksam machen, ein Kompliment war, bleibt dahingestellt.

Während wir die lückenlose Pinguinkette beobachten, weiht uns Don in die Lebensgewohnheiten der Adélies ein: »Von März bis Oktober, wenn der Winter über der Antarktis liegt, verbringen sie die Zeit in großen Gruppen am Rande der Packeiszonen. Da durch das Einfrieren der See der Eispanzer vor den Küsten von Monat zu Monat breiter wird, folgen sie der wachsenden Barriere in Richtung Norden. So haben sie immer freien Zugang zum offenen Meer und können auf Beutefang gehen. Packeisrand und treibende Eisschollen nutzen sie hingegen zur Erholung, dort ruhen und schlafen sie. Wenn der Frühling im Oktober seine ersten Vorboten schickt, ist es für die Adélies Zeit, zu ihren Brutplätzen aufzubrechen. Nun müssen sie mindestens fünfzig bis hundert Kilometer über das gefrorene Meereis wandern, wobei sie gemeinsam in einer langen Reihe marschieren. Die Position des Vordermanns wird regelmäßig getauscht. Das schützt vor Auskühlung der Kolonnenspitze und spart Energie, da nicht jeder einzeln eine Spur durch den tiefen Schnee stapfen muß.

Zumeist liegen die angepeilten Kolonien auf ausgedehnten Plateaus am Rand einer Bucht in Ufernähe, manchmal auch hoch über der Küste im Fels. Immer ist es aber dieselbe Kolonie, die ein Adélie ansteuert. Die ortstreuen Tiere kehren ausnahmslos zum Platz ihrer Geburt zurück. Für ein Aufgeben des angestammten Brutplatzes, der Zehn-, teilweise Hunderttausende Nester beherbergt, muß es schon sehr zwingende Gründe geben, etwa Zerstörung durch Vulkanismus, Vergletscherung oder akute Übervölkerung. Das zielstrebige Erreichen der Heimat warf für Wissenschaftler und Forscher die Frage auf, wie sich die Tiere orientieren. Selbst Adélies, die mehr als 3 000 Kilometer entfernt von ihrem Brutplatz im weißen Nirgendwo der Eiswüste ausgesetzt wurden, kehrten bis zur nächsten Saison schnurstracks in ihre Kolonie zurück. Aus der Beobachtung, daß die Tiere nur bei klarem Himmel wanderten und bei Bewölkung rasteten, wurde abgeleitet, daß sie sich nach dem Stand der Sonne orientieren. Zudem verfügen sie, so unglaublich das auch klingen mag, allem Anschein nach über die Fähigkeit, die Winkel zwischen den Linien von Magnet- und Gravitationsfeld der Erde zu berechnen, um ihren Kurs zu bestimmen«, erklärt Adélie-Don. »Denkt bloß nicht, daß sie immer hintereinander herlaufen, weil nur einer den Weg kennt!«

Nach vier Stunden heißt es von der Pinguininsel Abschied nehmen. Mit dem letzten Zodiac erreichen wir die *World Discoverer*, die sich hinter einem gekenterten Eisberg versteckt hat und in weit ausholendem Rund gemächlich um ihren Steuerbordanker kreist. Nach einer heißen Dusche zieht es uns in die Lido Lounge, wo dampfender Kakao und frisches Buttergebäck einladend duften. Schnell sind die Zodiacs an Bord gehievt, nun werden sie mit kräftigem Wasserstrahl vom Meersalz befreit und anschließend fest verzurrt. Diese Prozedur spielt sich im Heck des Bridge Deck ab, genau über unseren Köpfen, und das Poltern und Scharren auf dem Stahlboden deutet auf eine baldige Abfahrt hin. Vom Bug hallt das Heulen der Ankerwinde durch die geöffneten Türen bis hinein in die Lido Lounge. Die Maschinen werden hochgefahren. Wir sind wieder unterwegs.

Zu Gast bei Brasilianern

Unser nächstes Ziel liegt nur 28 Seemeilen entfernt. Entlang der Südküste von King George Island, der wir in westlicher Richtung folgen, passiert die *World Discoverer* die King George Bay und den weit ins Meer ragenden Hügelzug von Martin's Hill, hinter dem sie in die Admirality Bay steuert. Um ein Uhr mittags ist die Einfahrt erreicht. Langsam schiebt sich unser Schiff durch die tief in die Insel geschnittene Bucht, die von einer atemberaubenden Felskulisse begrenzt wird. Bis wir in dem Ausläufer des Sunds ankern, vergeht eine weitere Stunde, in der düstere Bergschultern, weiche Schneetäler und zerklüftete Gletscherwände an uns vorbeiziehen. Adéliepinguine bevölkern im Wasser dümpelnde Eisschollen, teilweise stehen sie allein auf ihren schwimmenden Plattformen. Kerzengrade aufgerichtet, den Blick aufmerksam voraus, wirken sie wie umsichtige Kapitäne, die ihr Floß konzentriert befehligen. Ganz anders dagegen die vier Krabbenfresserrobben, die auf einem stattlichen Exemplar aus weißblauem Eis dösen. Ohne auch nur den Kopf zu heben, ignorieren sie den entlanggleitenden Schiffsrumpf der *World Discoverer*. Da wir kaum Fahrt machen, müssen sie aber auch weder rauschende Bugwelle noch zerrendes Heckwasser befürchten. Der Schlummer der Robben bleibt ungestört, nur ganz sanft wiegt unser Kielwasser das Lager der vier auf und ab.

Am Ende der Bucht, auf 62° 05' Süd, 58° 23,5' West, liegt die brasilianische Forschungsstation *Commandante Ferraz*. Neben einem signalroten Versorgungsschiff, das die Station tags zuvor erreicht hat, ankert die *World Discoverer*. Während man gegenüber Ausrüstung und Versorgungsmaterial löscht, setzt John im Scoutboot über, um unseren Besuch anzukündigen. *Commandante Ferraz* ist eine Überwinterungsstation, die ganzjährig besetzt ist. Da im Winter aber nur so viele Wissenschaftler in der Station arbeiten, wie zum Aufrechterhalten des Betriebs unbedingt notwendig ist, finden größere Forschungsprojekte fast ausnahmslos im Sommer statt.

»Gegen Ende der dunklen Monate können wir es kaum abwarten, daß das Eis in der Admirality Bay endlich aufbricht und das erste Versorgungsschiff durchkommt«, begrüßt uns Rodriguez, der als Techniker auf der Station arbeitet, als wir am Strand an Land gehen. »Sicher, jeder hat sein Aufgabenfeld, das ihn voll auslastet, damit im Sommer die Arbeit sofort losgehen kann, irgendwann aber wird jedem die Zeit verdammt lang. Kommt mit, ich zeige euch die Station von innen«, lädt er ein. Wir folgen ihm im Schlepptau von Bernd, dessen perfekte Portugiesischkenntnisse die Verständigung erheblich erleichtern. Von außen bietet die Station das Bild mehrerer Reihen riesiger Stahlcontainer in Rot, Orange und Grün. Farblich sortiert stehen sie Längsseite an Längsseite. Durch Schleusen untereinander verbunden, gewähren sie Zugang zu jedem Bereich, vom Labor über Unterkünfte bis zum Generatorhaus, ohne daß man die Station verlassen muß.

Im Windfang des Eingangs schwappt uns bullige Wärme entgegen. Wir ziehen unsere Gummistiefel aus und stapfen auf dikken Socken über die Holzbohlen des Fußbodens. Auch Wände und Decken sind vollständig mit Holz getäfelt, so daß die Atmosphäre an eine zünftige Berghütte erinnert. Rodriguez zeigt uns Zentrallager, Küche und den Funkraum, der den Forschern den Kontakt zur Außenwelt ermöglicht. Dann geht es weiter in die Turnhalle. Hier stehen der Mannschaft ein vollwertiges Volleyballfeld sowie alle nur möglichen Gerätschaften zur Erhöhung der Fitneß zur Verfügung. »Hätten wir die Halle nicht, würden wir im Winter verrückt. Oft können wir tage-, manchmal wochenlang nicht raus, da ist Sport dann der beste Ausgleich«, bemerkt der Techniker, der jetzt elf Monate *Commandante Ferraz* auf dem Buckel hat. Sein Rundgang endet in der Cafeteria der Station. Auch hier ist jeder Winkel mit Holz ausgekleidet, rustikale Bänke, Stühle und Tische stehen im Raum, in den Ecken laden bequeme Sessel zum Plausch ein, und überall an den Wänden hängen Bilder, Fotos und Zeitungsauschnitte.

Während wir gemütlich bei Kakao und Keksen – anscheinend dem Nationalgericht der Antarktis – zusammensitzen und unsere Tagebücher mit ›*Commandante-Ferraz*‹-Stempeln verzieren, erfahren wir von Bernd, daß die Hauptaufgaben der Station derzeit in meeresbiologischen Projekten liegen. »Das Versorgungsschiff draußen hat ein sechsköpfiges Taucherteam zur Station gebracht, das bis Anfang März das Wasser der Admirality Bay untersuchen wird. Eine andere Gruppe beschäftigt sich mit den Freßgewohnheiten der Krabbenfresserrobben in Küstennähe. Übrigens besteht deren Hauptnahrung keineswegs aus Krabben, sondern aus Krill; ihr Name ist vermutlich bei der Übersetzung innerhalb der skandinavischen Sprachen etwas durcheinandergeraten. Wieder ein anderer Zweig der Mannschaft führt eine Langzeitstudie durch, die Auswirkungen des saisonal schwankenden Salzgehalts im Meerwasser auf das Krillvorkommen zum Thema hat. Während der kurzen Sommerperiode gilt es ein Maximum an Messungen und Proben zu nehmen, Fakten zu sammeln und Beobachtungen anzustellen. Die Auswertungen und akribischen Analysen, aus denen sich meistens wieder neue Projekte ableiten, finden erst im Winter statt. Ein Teil wird hier vor Ort von der Überwinterungscrew untersucht, der Rest geht per Versorgungsschiff an die betreuenden Institute in Brasilien.«

Da es Zeit für die nächste Gruppenführung wird, verabschieden wir uns von Rodriguez und Bernd. Nach dem Aufenthalt in der behaglichen Station dauert es etwas, bis wir uns wieder mit der Außentemperatur angefreundet haben. Zwar ist es schon den ganzen Tag mit plus ein Grad Celsius und einer geschlossenen Wolkendecke nicht gerade antarktisch kalt, aber Kakao und Wärme haben uns träge gemacht. Dies legt sich allerdings schnell, als wir mit Christian zu einer Wanderung entlang der Bucht aufbrechen. Rechts und links der bunten Container liegen die alten Holzbauten einer britischen Station. »Sie mußten Mitte der fünfziger Jahre aufgegeben werden, als sich die Anzeichen für neue vulkanische Aktivitäten mehrten«, berichtet der Geophysiker, den wohl gerade diese Umstände zum Bleiben bewegt hätten. Wir umrunden die verlassenen Hütten und Schuppen, deren graue Fassaden und rostige Wellblechdächer von Wind und Wetter erzählen könnten, und gelangen nach kurzem Anstieg zum hinter der Station gelegenen Berg.

Weit reicht unser Blick über die Bucht: Rechts am Horizont breitet sich ein unberührtes Schneefeld aus, in der Mitte ein tiefschwarzer Bergrücken, links ein blau marmorierter Gletscher. Die Eindrücke, die wir schon bei der Einfahrt in die Admirality

Bay gesammelt hatten, fokussieren sich zu einem markanten Gesamtbild. Gleich neben dem Gletscher beginnt ein langgezogenes Lavafeld, das allmählich bis zum Hügelkamm ansteigt. Tiefdunkel ruht der rauhe Untergrund vor uns, gleichmäßig geneigt läuft er zur Station hin aus. Nur in einer Senke, kurz über den Hütten, unterbricht ein Streifen verwehten Schnees das konturlose Schwarz. Am Ufersaum, etwas erhöht, liegen die aufgegebenen Hütten der Engländer, dazwischen die farbenfrohen Container der brasilianischen Station, und im graublauen Wasser der Bucht dümpeln einige Eisschollen, das Versorgungsschiff und die *World Discoverer*.

Über den nach Westen abfallenden Kamm wandern wir hinab zur Bucht. Etwa auf halbem Weg treffen wir auf fünf Holzkreuze, die aus zu Steinsockeln aufgeschichteten Felsbrocken ragen. Ähnlich dem der verlassenen Hütten ist ihr Holz bleich und grau, windschief neigen sich die älteren zur Seite. Sie sind den fünf Männern gewidmet, die während ihrer Arbeit auf der britischen Station und auf *Commandante Ferraz* ums Leben kamen. Das jüngste Kreuz erinnert an Alberto Poppinger, den Funker der brasilianischen Station, der 1990 an einem Herzinfarkt starb, die übrigen vier stammen noch aus den fünfziger Jahren. Zwei Engländer erlagen ihren Erfrierungen, die sie sich bei Arbeiten im Freien zugezogen hatten, ein dritter verlor 1954 durch einen Sturz in eine Gletscherspalte sein Leben. 1992 fand der damalige Stationsleiter von *Commandante Ferraz* ganz in der Nähe des Unglücksgletschers eine Brille, die vom *National Health Service* hergestellt wurde und zur Standardausrüstung der Antarktisabteilung gehörte. Man nimmt an, daß es die Brille des zu Tode gestürzten Engländers war. Das fünfte Kreuz, dessen Namensinschrift noch nicht verwittert ist, ist Ronald Gordon Napier gewidmet. Erzählungen nach fiel dieser ins Wasser, als er auf dem Heimweg von einer Feier war, die an Bord eines in der Bucht liegenden Schiffs stattfand. Da Ronald Gordon Napier wohl nicht nur stark angeheitert war, sondern auch sämtliche Taschen seiner Kleidung mit Flaschen und Dosen vollgestopft hatte, sank er sofort auf den Grund der Admirality Bay (so sagt zumindest die Legende).

Kurz vor Erreichen des Strands führt uns Christian noch zu einer Mulde, die wir von oben nicht einsehen konnten. Sie ist über und über mit dickem Moos ausgepolstert, in dem vereinzelte kleine Wasserlachen stehen. Die saftigen Gelb-, leuchtenden Grün- und weichen Brauntöne haben wir hier nun wirklich nicht erwartet. Doch es sind nicht nur die Farben, die uns in ihren Bann ziehen: In der Mitte des bunten Teppichs hat Jacques Cousteau vor etlichen Jahren aus überall am Strand verteilten Knochen und Wirbeln das komplette Skelett eines Wals errichtet. Seither erinnert das natürliche Monument eindrucksvoll an die blutrünstige Epoche der Walfänger und Robbenschlächter, die auch in der Admirality Bay ihre Spuren hinterlassen haben.

Spätnachmittags verlassen die Zodiacs den Anleger von *Commandante Ferraz* und kehren zur *World Discoverer* zurück. Mit an Bord sind fünf Mitglieder der brasilianischen Station, deren Berichte uns im Laufe der schon bald darauf beginnenden Tagesbesprechung noch einmal am Leben in den bunten Containern teilnehmen lassen. Bernd hat alle Hände voll zu tun, die sprudelnden Schilderungen zu übersetzen. Sie erzählen vom Alltag auf der Station, von Entbehrungen während der sturmreichen Winter und von berauschenden Erlebnissen bei Schlittenexkursionen in taghellen Sommernächten. Gemeinsam mit den fünf Wissenschaftlern geht es um halb acht Uhr zum Abendessen, das auch heute wieder zum kulinarischen Fest wird.

Nach Schinkenröllchen, Spinatsalat, Hochrückensteak, Torte und Eis sind wir reif für einen Verdauungsschnaps, den wir bei Joe in der Discoverer Lounge einnehmen. Durch die großen Fenster der Bar genießen wir die wechselnden Blickwinkel auf die Stationsbucht, wenn uns die Strömung mal nach links, mal nach rechts ausschwenken läßt. Von Tag zu Tag werden die Nächte auf unserer Südfahrt kürzer, und schon jetzt liegen zwischen Sonnenunter- und Sonnenaufgang weniger als fünf Stunden. Auf dem Versorgungsschiff sind noch längst nicht alle Vorräte gelöscht. Den ganzen Tag hebt der Ladekran Kisten, eingeschweißte Paletten, Fässer und Tonnen über die Bordwand. Neben dem roten Schiffsbauch wartende Zodiacs und Aluminiumboote nehmen die Fracht in Empfang. Unablässig pendeln sie seit unserer Ankunft zwischen der

Station und dem schwimmenden Lager, gleichmäßig hallen ihre Außenborder durch die Stille der Bucht. Kurz vor zehn Uhr bringt das Scoutboot die fünf Brasilianer hinüber in ihre Heimat auf Zeit. Sobald John mit dem Zodiac wieder an Bord ist, wird die *World Discoverer* King George Island verlassen.

Als der Anker gehoben wird, geht die Sonne langsam über den Gletschern der Admirality Bay unter. Wir verfolgen die Ausfahrt an der Reling des Boat Deck. Noch immer liegt die Außentemperatur konstant bei plus ein Grad Celsius, der Südwestwind bläst beständig mit drei Beaufort, die See ist nur schwach gekräuselt. Bald hat die *World Discoverer* Fahrt aufgenommen, und wir vermissen unsere Parkas, die zwei Decks tiefer in der gut durchgewärmten Kabine liegen. Gerade als wir sie holen wollen, ruft ein Deck höher irgend jemand wild gestikulierend: »Humpback, humpback, one o' clock, one o' clock«. Nach anfänglichem Stutzen stürzen wir zum Bug und starren auf die vor uns liegende Wasserfront, um den Buckelwal auszumachen.

Es sind nicht mehr viele Passagiere auf den Beinen, vielleicht zehn oder fünfzehn. Die allerdings sind hellwach! Schon hechtet einer die Stahlleiter zur Brücke hinauf, um die Offiziere zu informieren. Die diensthabende Besatzung hat den Wal aber längst im Visier ihrer Ferngläser und läßt die Maschinen stoppen. Gleitend dreht die *World Discoverer* ab, um dem Tier zu folgen. Wir haben Glück, es ist noch ein Kalb, jung und verspielt, mindestens so neugierig wie wir. Plötzlich überrascht es mit einer Wende, nimmt Kurs auf unseren Rumpf und zieht einen weiten Kreis um das Schiff. Dann kommt es näher und näher, ausgelassene Flossenschläge lassen das Wasser aufgischten, schnelle Schwanzlobs peitschen gegen die See. Wir sind aufgeregt, und uns ist mörderisch kalt, so daß wir uns gegen den eisigen Wind hinter die Reling kauern. Aber es lohnt sich, der Wal hat alle Scheu abgelegt. Immer wieder zeigt er uns stolz seine Schwanzflosse, die majestätisch durch das Wasser pflügt. Mal voraus, mal steuerbords, mal backbords, dann wieder im auslaufenden Kielwasser – das Tier spielt mit dem Schiff. Eng schmiegt es sich um den Bug und streift unter dem Rumpf. Die Stimmung ist unglaublich. Vorn über der *World Discoverer* ist der Himmel bis zum Horizont rötlich gefärbt, Gletschereis und Schneefelder spiegeln das Licht in kalten Violettönen wider. Hinter dem Schiff legt die hereinbrechende Nacht dem fahlen Blau ihre ersten Schatten auf. Die Natur ist im Einklang.

Nach einer ganzen Weile hat sich der Buckelwal ausgetobt. Ein letzter Schlag mit der Flunke, dann verschwindet er im Dunkel der Admirality Bay und läßt uns zurück. Wir sind derart durchgefroren, daß uns jetzt nur einer helfen kann: Joe! Mit klappernden Zähnen, tauben Ohren und starren Knochen geben wir uns in seine Hände. Joe erkennt die Lage sofort, und als wir etwas »wirklich Starkes, nicht Süßes« ordern, nickt er nur kurz. Dann beginnt er mit diversen Flaschen zu hantieren. »Das wird euch gut tun. Auf die Gesundheit!« Schon stehen zwei Gläser vor uns, und wir spülen seine Mixtur hinunter. Schlagartig ist uns warm. Mit einem Schauer war die Kälte abgefallen, ehrfürchtig blicken wir auf den Barchef. »Ja, mit dem hab' ich bis jetzt jeden munter gekriegt«, sagt er nicht ohne Stolz. Zufrieden betrachtet er unsere hochroten Köpfe und antwortet, als wir einen weiteren ordern, auf die Frage nach den Ingredienzen: »Ich nenne es *Joes Spezial-Eistee*. Im Prinzip ist es Tequila, Wodka, weißer Rum, Cointreau, frischer Orangensaft und ein Schuß Cola.«

Media Luna und Hannah Point

In der Nacht war die *World Discoverer* am Ausgang der Admirality Bay in die Bransfield Strait eingelaufen und der Seestraße gut sechzig nautische Meilen in südlicher Richtung gefolgt. Während wir dank Joes Medikation tief und fest schliefen, ging sie vor Half Moon Island vor Anker. Die Insel, die von Robert Fildes nach ihrer Form benannt wurde, liegt am Eingang der Moon Bay, östlich von Livingston Island. Eine eisige Brise, die uns beim ersten Gang an Deck um die Nasen strich, ist nach dem Frühstück abgeflaut, und als wir um acht Uhr am schwarzen Granulatstrand anlanden, verscheucht die Sonne die letzten Schauer der frischen Zodiacfahrt.

Bis auf einen Hügel aus hart geschnittenen Granitblöcken, deren schiefergraue Flanken direkt hinter der Anlandestelle emporwachsen, verhüllt ein blendend weißes Schneelaken alle Konturen der geschwungenen Landschaft. Der steil aufragende Gipfel im Norden von Half Moon Island, der im Spätsommer seine zakkige Spitze aus dem dominanten Weiß reckt, trägt jetzt einen dikken Schneemantel, so daß sein Profil an die zum Hauptmast hin straff gespannte Kuppel eines endlos auslaufenden Zirkuszelts erinnert. Erst knapp über der Wasserlinie wird das Uni durchbrochen. Die anrollende Brandung hat den dunklen Strand freigespült; wie ein schmaler Saum legt sich die feinkörnige Lava um das Ufer von Half Moon Island. Gegenüber der Anlandestelle, auf der Nordseite der Bucht, können wir die roten Baracken der argentinischen Station *Cámara* erkennen, die wir am späteren Vormittag besuchen werden. Jetzt aber widmen wir uns erst dem Felsplateau, das sich hinter dem ansteigenden Granithang ausbreitet.

Zwischen den kahlen Felsen hat sich eine Zügelpinguinkolonie eingerichtet, ausgiebig frönen die Tiere ihrem Brutgeschäft. Nach der Eiablage Ende November, Anfang Dezember übernehmen die Weibchen die erste, zehn Tage dauernde Schicht des Bebrütens. Dann werden sie von den Männchen abgelöst, und im weiteren Verlauf der fünfwöchigen Brutzeit teilen sich beide die Aufgabe im Wechsel von zwei bis drei Tagen. Ist das silbergraue Küken geschlüpft, hält seine Nestperiode zwanzig Tage an. Nun müssen die Eltern im Vierundzwanzigstundenrhythmus rotieren, um den gefräßigen Nachwuchs bei Laune zu halten. Stets wacht ein Elternteil am Nest, während der andere im Meer auf Beutefang geht, tags darauf werden die Rollen getauscht. Da die Jungen mit schier unstillbarem Hunger gesegnet sind und im felsigen Gestein Raub- und Dominikanermöwen nur auf einen Moment der Unachtsamkeit warten, um Ei oder Nachwuchs zu stehlen, sind beide Parts – wie eigentlich der gesamte Brut- und Aufzuchtzyklus – für die Pinguineltern ein einziger Streß.

Nach den drei Wochen im Nest folgt ein fünfwöchiges Kindergartenstadium. Die Jungen sind jetzt alt genug, um die Umgebung ihrer Kolonie auf eigene Faust zu erkunden. In kleinen

Gruppen, die durch Zusammenschluß immer größer werden, ziehen die kleinen Pinguine über den Strand. Fütterungstechnisch sind sie auch in dieser Zeit auf die Eltern angewiesen, und es dauert bis Anfang März, bis sie schließlich flügge sind und die Kolonie verlassen. So haben die Zügelpinguine, die wir auf Half Moon Island beobachten, noch allerhand Arbeit vor der weißgefiederten Brust, hocken sie doch gerade einmal zwei Wochen auf ihren Eiern.

Um zehn Uhr bringt uns das Zodiac zur gegenüberliegenden Seite der Bucht, wo wir unterhalb der argentinischen Forschungsstation *Cámara* anlanden. Die Holzhäuser und Hütten der 1953 unter dem Namen *Bahía Luna* gegründeten Basis breiten sich wie eine Bilderbuchkulisse im Schnee aus. Unterkünfte und Schuppen sind vollständig aus Holz gebaut und wirken äußerst historisch. Bis etwa einen halben Meter über dem Boden zieht sich ein schwarzer Teersockel rund um die Fassaden, darüber leuchten die Wände in frisch gestrichenem Knallrot. Die flach geneigten Dächer sind mit breiten, schwarzen Balken eingefaßt, die den First jeder Hütte bilden und die vorgezogenen Dachschultern umrahmen. Von ihren vier Ecken führen dicke Stahltaue zu Verankerungen am Boden, Schraubhaken halten sie auf Spannung und sichern bei Sturm. Ofenrohrähnliche Schornsteine mit spitz zulaufenden Blechhütchen, die Schneeflocken das Eindringen erschweren, ragen aus dem Kohlrabenschwarz der mit Teerbahnen abgedichteten Dächer. An den Flanken der Hütten lehnen grob zusammengezimmerte Leitern aus unbehandelten, grauen Latten. Hölzerne Materialkisten mit aufgepinselten Nummern und rostigen Blechbändern sind draußen vor dem Lagerschuppen aufgestapelt, herumliegende Paletten aus dem Vorjahr zeichnen sich unter der Schneedecke ab. An abgeplatzten Stellen des ovalen Emailleschilds, das den Funkraum ausweist und an seine Zugehörigkeit zur Republik Argentinien erinnert, blüht der Rost. Hinunterlaufendes Tauwasser hat braune Schlieren über Schrift und Signet gezogen. Zufrieden lassen wir uns in den Pulverschnee fallen und saugen unter dem strahlenden Himmel die Atmosphäre auf, die der alte Außenposten ausströmt.

Mitte der fünfziger Jahre begann Argentinien damit, seine Präsenz in der Antarktis zu verstärken. Die Gründung der Marine-Station *Bahía Luna* fand am 1. April 1953 statt, zwei Jahre später wurde sie zu Ehren von Juan R. Cámara umgetauft und erhielt ihren bis heute gültigen Namen *Destacamento Naval Cámara*. Leutnant Cámara war Mitglied der Marine-Luft-Gruppe, die 1954/55 eine regelrechte Antarktis-Operation durchführte und nach geeigneten Plätzen für den Bau weiterer Stationen Ausschau hielt. Als Cámara am 1. Januar 1955 an Bord des argentinischen Tankers *Punta Loyala* in Potter Creek starb, hatte die Station auf Half Moon Island ihren Dienst bereits aufgenommen. Seither ist sie für wissenschaftliche Forschungen in den Sommermonaten von etwa zwanzig Mann besetzt. Zur Mannschaft gehören zum einen Angehörige der Marine, die für Aufrechterhaltung des Stationsbetriebs, Instandsetzung der Gebäude und Logistik Sorge tragen, zum andern Wissenschaftler und Forscher der argentinischen *National-Direktion Antarktis*, die auf drei verschiedenen Gebieten arbeiten.

Ein Schwerpunkt liegt in der Beobachtung der heimischen Vogelarten, insbesondere der Struktur und Funktion ihrer verschiedenen Kolonien. Regelmäßig werden Vogelzählungen durchgeführt und saisonale Wechsel der Koloniestärken registriert. Studien über Ernährungs- und Lebensbedingungen der verschiedenen Vogelarten im Vergleich untereinander bzw. der einzelnen Arten im Kolonievergleich müssen erstellt werden; biogenetische sowie biogeographische Untersuchungen runden das Projekt ab. Die Ornithologen legen dabei ihr Hauptinteresse auf Dominikanermöwen und Skuas, die Raubmöwen. Der zweite Forschungszweig beschäftigt sich mit der geologischen Untersuchung von Half Moon Island, wozu die Entnahme von Mineralienproben sowie das Sammeln von pflanzlichen Fossilien zählen. Darüber hinaus werden Insel und Bucht jedes Jahr neu kartographiert, um Landschafts- und Gletscherveränderungen zu erfassen und geologische Profile zu erstellen. Die dritte Gruppe setzt sich mit dem Themenkomplex Mensch und Umwelt auseinander. Diesbezüglich auf *Cámara* gesammelte Daten werden ausgewertet, um den Einfluß des Menschen auf das

Ökosystem und daraus resultierende Störungen oder Gefahren nachzuweisen.

Erst eine Woche zuvor hatte ein Versorgungsschiff die Mannschaft und ihre Ausrüstung zur Station gebracht. Bei unserer Ankunft lagen Tage harter Arbeit hinter den Männern, da die Wiedereröffnung der Basis nach dem Winter zunächst einmal ausgiebiges Schneeschaufeln bedeutet. Als erstes müssen die Dächer der Hütten und Schuppen von ihrer Schneelast befreit werden. Anschließend heißt es, sich mit Hacken und Schaufeln Verbindungswege zwischen den Gebäuden und hinunter zum Strand zu bahnen. Mit Planen geschützte Kisten und Fässer warten darauf, ausgebuddelt zu werden. »Dann müssen Aggregate und Generatoren aus dem Winterschlaf gerüttelt und die Heizungen überholt werden. Jeden Tag kommen wir einen Schritt weiter, bis schließlich die Sende- und Empfangsgeräte im Funkraum krächzend ihren Dienst aufnehmen und die Wasserleitungen hustend den im Winter abgelagerten Rost ausspucken«, berichtet einer der Männer. »Ist all das erledigt, müssen wir die Kisten mit unserer Ausrüstung, Lebensmitteln und Versorgungsmaterial vom Strand zur Station schleppen und dort verstauen. Dann wird ordentlich durchgelüftet, jeder richtet sich sein Quartier ein, und die Arbeit kann losgehen.«

Das wird morgen der Fall sein. Heute, am Sonntag, hat sich die Mannschaft freigenommen. So stört unser Besuch nicht, und wir können den herrlichen Spätvormittag gemeinsam draußen verbringen – natürlich wieder bei heißem Kakao. Auf 62° 36' Süd, 59° 54' West ist die Sonne in Hochstimmung. Wir müssen Gletscherbrillen tragen, um in der grell reflektierenden Schneelandschaft etwas erkennen zu können. Viel zu schnell verrinnt die Zeit, nur zu gern würden wir den ganzen Tag hier verbringen, aber die *World Discoverer* wartet nicht. Um zwölf Uhr mittags ist sie bereit zum Auslaufen.

In den nächsten vier Stunden passieren wir die Südostküste von Livingston Island. Nur vereinzelt treiben Eisschollen in der Bransfield Strait, die See ist mäßig bewegt, Westwind bläst mit zwei bis drei Beaufort, die Sicht ist klar. So kann die *World Discoverer* zunächst ungehindert volle Fahrt machen. Je näher wir unserem Ziel Hannah Point am Südausläufer von Livingston Island allerdings kommen, desto zugeknöpfter gibt sich die Witterung, und bei unserer Ankunft knarrt der Rumpf durch ein eng um die Insel liegendes Treibeisfeld. Während sich vor uns die Insel im Sonnenlicht ausbreitet, rieseln winzige Schneeflocken vom bedeckten Himmel über der See. Das Meer ist spiegelglatt; mit zwei Windstärken fächert der umlaufende Wind durch die Flocken. Es wird winterlich.

Die steinige Halbinsel, die sich weit in die Bransfield Strait reckt, erhielt ihren Namen vom Robbenfangschiff *Hannah*, das 1858 von seinem Heimathafen Liverpool zur Fangfahrt ins Südpolarmeer ausgelaufen war und die Südshetlandinseln Ende November erreichte. Am 25. Dezember 1858 strandete die *Hannah* vor Livingston Island und sank. Schon bald, nachdem die *World Discoverer* vor Anker gegangen ist, bringen uns die Zodiacs zum Strand, und wir betreten zwischen dösenden See-Elefanten den Strand der Inselschönheit. Direkt hinter dem Kiesufer windet sich ein Pfad steil bergan. Allem Anschein nach ist dies die Haupttrennstrecke im Wegesystem der einheimischen Pinguine, so daß wir uns in Geduld fassen müssen, um eine Lücke zwischen den ›vorfahrtsberechtigten‹ Tieren abzupassen. Hinter einem hungrigen Trupp Zügelpinguine, der gen Meer fegt, ohne uns auch nur eines Blickes zu würdigen, aber noch vor einem Häufchen satter Eselspinguine in Gegenrichtung schlagen wir zu.

Kurz darauf gelangen wir zum ersten Vorsprung des stufenweise ansteigenden Bergrückens. Wieder heißt es, dem Pinguinverkehr auszuweichen, aber irgendwann haben wir das hoch über dem Meer gelegene Plateau am Ende des Pfads erreicht. Unter uns ist die Küstenlinie von derart vielen Buchten eingekerbt, daß sie an den Rand eines Kronkorkens erinnert. Steil emporragende Lavatürme und Felsnadeln markieren die Landspitzen wie Statuen, während überall an den halbrunden Stränden das Leben tobt. Jede Bucht ist bevölkert: Hier schläft eine schwergewichtige Dreiergruppe See-Elefanten, da spritzt eine Horde Zügelpinguine auf Futterjagd durch die Brandung, dort marschiert ein Eselspinguin durch die über den Strand auslaufenden Wellen, und nebenan rennt alles durcheinander.

Es ist die Vielfalt der Tiere und ihr harmonisches Zusammenleben, was Hannah Point so einmalig macht. Immer müde See-Elefanten lagern am Ufer, die tiefer gelegenen Partien des Bergrückens gehören den Zügelpinguinen, und in darüber liegenden Absätzen haben Eselspinguine ihre Kolonien angelegt. Einige Blauaugenkormorane nisten an felsigen Abhängen, und etwas höher, in der rauhen Bergkette hinter dem Strand, bewachen Riesensturmvögel ihre Nester. Diese vorbildliche Demonstration der arttypischen Nistplatzpyramide leidet jedoch darunter, daß wir etwa in Kormoranhöhe auf vier See-Elefanten stoßen. Mit kugelrunden, schwarzen Augen beobachten sie uns eine Zeitlang. Als sie aber merken, daß keine Gefahr droht, schmiegen sie sich noch enger aneinander, und schon bald schlafen sie wieder so fest, daß ihre Nasen beim schnaubenden Ausatmen flattern.

Wir verlassen das alpine Quartett und schließen zu Tony auf, den wir am Rand eines Vorsprungs zwei Plateaustufen tiefer inmitten der Eselspinguine finden. Mit seinem Feldstecher fixiert er die darunter liegende Zügelpinguinkolonie, die den zum Meer abfallenden Hang mit ihren Nestern bevölkert. »Ich bin sofort soweit«, ruft Tony uns zu, während er abwechselnd durch sein Fernglas schaut und Notizen macht. »Geht schon mal voraus zu den Zügelpinguinen, da wartet eine Überraschung! Ich sammel' nur noch schnell die übrigen ein.« Kurz darauf hat sich Tonys Mannschaft vollständig am Rand der Kolonie eingefunden. »Ihr seid gespannt?« Wir nicken. »Das ist gut, denn hier könnt ihr etwas sehr Seltenes miterleben«, macht der Ornithologe neugierig.

»Die Zügel- und Eselspinguinkolonien beherbergt Hannah Point schon seit eh und je, auch sind Blauaugenkormorane und Riesensturmvögel Stammgäste, genauso wie die See-Elefantenherde zwei Buchten weiter. Somit finden fast alle antarktischen Tierarten entlang der Küste ihr Zuhause, was Hannah Point zum Garanten für eine gelungene Anlandung macht. Vor zwei Jahren aber ereignete sich dann folgendes: Wir liefen die Insel damals turnusmäßig Ende November das erste Mal an und wanderten hinauf zum Plateau. Auf dem Rückweg, ungefähr auf dieser

Höhe, traute ich meinen Augen nicht. Mitten aus dem uniformen Schwarzweiß der Zügelpinguinkolonie streckten sich vier lange orange Büschel. Es gab keinen Zweifel, Goldschopfpinguine mußten auf Hannah Point gelandet sein! Es war eine echte Sensation. Zwar gibt es im Gebiet der Antarktischen Halbinsel zwei Goldschopfkolonien, auf Deception Island und auf Elephant Island, aber hier wurden sie noch nie gesichtet.

Bis auf diese beiden Posten im Süden bevölkern die weltweit 16 Millionen Goldschöpfe die Inselgruppen der nördlichen Antarktis, oft jenseits der Konvergenz, bis hinauf zu den Falklands. Große Kolonien liegen zwischen fünfzig und sechzig Grad südlicher Breite, auf den Südsandwich-Inseln, den Südorkneys, Bouvet Island und Heard. Allein fünfeinhalb Millionen bevölkern die Küsten Südgeorgiens. Weiter im Norden, zwischen vierzigstem und fünfzigstem südlichen Breitengrad, nisten sie auf den Prince-Edward-, Marion- und Crozet-Inseln sowie den Kerguelen. Wir waren ehrlich erstaunt, die vier Tiere hier zu finden, zumal ihre beiden Südshetland-Kolonien keineswegs übervölkert waren. Aber da hockten die vier Tiere nun, unter der Tausendschaft von Zügelpinguinen.

Fünfmal kamen wir in der Saison nach Hannah Point. Bei jeder Anlandung hielten wir nach den Exoten Ausschau, doch leider konnten wir nicht feststellen, ob ihr Brutgeschäft erfolgreich verlief, und bei unserem letzten Besuch waren sie verschwunden. Das mußte allerdings nichts Böses heißen, da Goldschopfpinguine nach der Aufzucht der Jungen für fünf Wochen im Meer untertauchen und jagen, bis sie Mitte März ihre Brutplätze noch einmal zur Mauser ansteuern. Etwa in dieser Zeit beginnt der Packeisgürtel aber rasch zu wachsen; die *World Discoverer* hatte längst Kurs auf die Osterinsel genommen, und uns blieb nichts anderes übrig, als auf den nächsten antarktischen Sommer zu warten.

Anfang Dezember letzten Jahres war es dann soweit. Gespannt suchten wir die Hänge und Senken von Hannah Point mit unseren Ferngläsern ab – und zählten fünf Paare! Woher mochten die neuen Siedler stammen? Der Nachwuchs aus dem Vorjahr konnte es nicht sein. Goldschopfpinguine legen zwar zwei Eier ab, bebrüten aber fast immer nur das zweite, größere Ei, und außerdem setzt die Geschlechtsreife der Jungtiere erst mit fünf Jahren ein. Ihre Herkunft blieb ungeklärt, auch Nachforschungen auf Deception und Elephant trugen keine Erkenntnisse bei. Beide Kolonieplätze wiesen weder Zeichen von Naturkatastrophen noch Abnahme der Krillvorkommen auf. Warum sollten die Goldschopfpinguine ihre angestammten Brutplätze also verlassen haben? Auf alle Fälle hatten sich die Tiere gut auf Hannah Point eingelebt und schienen nicht unter ihrer dramatischen Unterzahl zu leiden, denn diesmal konnten wir Schlüpfen und Aufzucht der Jungen verfolgen. Die Chancen, daß sich eine Kolonie etablieren würde, standen nicht schlecht.

Ihr könnt verstehen, daß wir daher der heutigen Anlandung gespannt entgegengefiebert haben. Don und ich sind gleich nach dem Ankern mit dem Scoutboot übergesetzt, um die Zügelpinguinkolonie mit unseren Feldstechern nach gelben Federn zu durchstöbern, was gar nicht so einfach ist: Die Goldschopfpinguine von Hannah Point denken gar nicht daran, im Pulk zu nisten. Es scheint, als genössen sie ihren Sonderstatus, denn wir fanden ihre Nester weit verstreut zwischen denen der Zügelpinguine. Aber die Mühe hat sich gelohnt. Wir fanden zwölf Paare!« verkündet Tony freudig das brandaktuelle Ergebnis seiner Langzeitstudie. Dann führt er uns um einen Felsblock, an dessen Rücken er bis jetzt gelehnt hatte, und präsentiert einen dahinter versteckt hokkenden Goldschopfpinguin. Tonys Gesicht trägt die Züge eines Zauberers, dem gerade sein schwierigstes Kunststück geglückt ist, als er sagt: »Das hier ist Nummer sieben!«

›Nummer Sieben‹ liegt bäuchlings auf seinem lieblos zusammengeschusterten Steinnest und läßt die Flügel schlapp über den Rand hängen. Seine orangegelben Augenbrauenfedern stehen an beiden Kopfseiten in wirren Strähnen ab. Schon ein leichter Windhauch genügt, um die auffällige Haartracht erzittern zu lassen. Der Goldschopfpinguin betrachtet uns aus halbgeöffneten dunklen Augen. Sein mandelförmiger Schnabel, über dessen Oberseite zwei dünne, schwarze Linien bis kurz vor die plumpe Spitze verlaufen, bleibt geschlossen. Nicht einmal die roten Schnabelwinkel zucken. Das Tier ist eindeutig müde!

Aber wir treffen auch auf munterere Zeitgenossen. Selbstbewußt und mit wippendem Schopf mischen sie sich unter die zum Meer marschierenden Zügelpinguine. Oder sie thronen mit Grandezza auf erhöhten Felssockeln und blicken wohlwollend über das schwarzweiße Volk. »Im Englischen werden sie *macaronis* oder *macaroni penguins* genannt«, informiert Tony. »Ursprünglich nannte man in England so die Dandys, die im 18. Jahrhundert die *Grand Tour to Italy* gemacht hatten und bei ihrer Heimkehr den kontinentalen Lebensstil mit auf die Insel brachten. Es wurde schlichtweg alles kopiert: die Mode, der Geschmack, selbst das Kunstverständnis. Und als sich die Herren dann auch noch helle Strähnen ins Haar färben ließen, rächten sich die konservativen Daheimgebliebenen, in dem sie ihnen den Namen des Nudelgerichts verpaßten. Daran müssen sich die Briten erinnert haben, als sie 1837 im wissenschaftlichen Artikel von Johann Friedrich Brandt die erste Beschreibung der Goldschopfpinguine fanden«, endet Tonys Ausflug in die Namensforschung.

Den späten Nachmittag verbringen wir ein paar Buchten weiter, wo die Zickzacklinie der Küste in einen langgezogenen Strand übergeht. An die hundert See-Elefanten liegen im vorderen Teil des dunklen Halbrunds, das sich aus Sand und Kies zusammensetzt. Die weitaus größere Fläche, die zum Inland hin leicht ansteigt und mit glatten Steinen übersät ist, scheint unbewohnt. Fernab vom Wasser finden wir nur Treibholz. Ganze Baumstämme, von jahrelanger Drift grau und bleich, sind übereinandergetürmt.

See-Elefanten gehören zu jenen Tierarten, die dem Betrachter, der im Tierreich häufig an der Frage verzweifelt, wer nun Männchen und wer Weibchen ist, gut lesbare Hilfestellung geben. Da ist zum einen ihre Größe: Während die Weibchen etwa auf drei Meter kommen, erreichen die Bullen viereinhalb bis sechs Meter. Oder ihr Gewicht: 900 Kilogramm sind es bei ausgewachsenen Weibchen, dreieinhalb bis vier Tonnen bei den Bullen. Zudem tragen die Herren auf der Nase einen schlabbrig-faltigen Rüssel, der zur Paarungszeit straff aufgepustet wird. Dieser Nasensack ist für ihre Namensgebung genauso verantwortlich wie der charakteristische Trompetenschrei, der allerdings recht selten ausgestoßen wird. Sehr viel öfter dagegen heben die Bullen zu einem markerschütternden Brüllen an, das der gegenseitigen Erkennung dient, aber auch abschrecken soll. Bei Auseinandersetzungen zwischen zwei Bullen wird die Stärke der Kontrahenten zunächst über das Gebrüll taxiert. Sollten die Unterschiede zu vehement ausfallen, läßt es der leisere Bulle besser nicht auf einen Kampf ankommen und zieht sich zurück.

Es sind die Weibchen, um die es bei diesen Kämpfen geht, und da See-Elefantenbullen immer etliche Weibchen um sich scharen müssen, sieht es mit dem Gleichgewicht Männchen-Weibchen natürlich schlecht aus. So ein Harem kann aus einer Handvoll, ein paar Dutzend oder einigen hundert Weibchen bestehen. Im letzten Fall werden die Damen allerdings von mehreren Bullen bewacht, die ihrerseits unter dem Kommando des stärksten und erfahrensten Bullen stehen: Er ist der *Beachmaster*, der Haremsmeister. Für herangewachsene See-Elefanten, die ihre Geschlechtsreife erreicht haben und sich paaren wollen, heißt es zu kämpfen. Zwar haben die Jungbullen während der vergangenen acht Jahre ihres Jugendstadiums alle Bewegungsabläufe spielerisch einstudiert, doch dabei drohten keine Verletzungen. Nun aber wird es ernst. Nur selten dulden die Haremsmeister ein Eindringen in ihr Territorium oder gar Paarungsversuche an den Grenzen ihrer Kontrollgebiete. Die alteingesessenen Bullen rekken ihren festen, luftgefüllten Rüssel empor, wobei sie furchteinflößend trompeten und brüllen. Läßt sich der Eindringling durch die Pose nicht verscheuchen, bewegen sich beide aufeinander zu, bis sie schließlich Brust an Brust voreinander stehen. Nach kurzem Verharren bäumen die Bullen ihre Vorderkörper auf, so hoch, daß ihre Flossen den Boden nicht mehr berühren. Unter Gebrüll und Geschrei rammen die bis zum äußersten erregten Tiere ihre Brustpartien gegeneinander und versuchen, dem Gegner in Hals, Maul und Nasensack zu beißen. Erst wenn einer der beiden aufgibt und seine Kapitulation durch Maulaufsperren oder Einziehen des Rüssels anzeigt, ist der Kampf beendet.

Zum Glück geht es bei unserer Anlandung friedlicher zu. Die Schlachten waren längst vergessen, und anstrengende Monate lagen hinter den Tieren. Ende August, Anfang September erreichten die Bullen den Strand. Einen Monat später folgten die trächtigen Weibchen, um Mitte Oktober ihrem Nachwuchs das Leben zu schenken. Die Jungen sind bei ihrer Geburt etwa eineinhalb Meter lang und gut fünfzig Kilogramm schwer. Vier Wochen lang weichen die Weibchen nicht von ihrer Seite und säugen sie mit ungeheuer proteinhaltiger ›Kraftmilch‹. Jeden Tag legen die Jungen neun Kilogramm zu, während die Weibchen am Ende dieser Periode bis zu 120 Kilogramm verloren haben. Mitte November sind die jungen See-Elefanten selbständig. Männchen und Weibchen paaren sich erneut und gehen bis Dezember zum Fressen ins Meer. Anschließend müssen die Tiere ihren angestammten Lebensraum noch ein weiteres Mal verlassen. Sie kehren zum Strand zurück, um ihr Fell zu wechseln. Vierzig Tage dauert die Häutungsphase, in der das komplette Fell abgestoßen und durch ein neues ersetzt wird – eine lange Zeit, in denen sie lustlos am Strand liegen, nur selten im Meer fressen und ungeduldig auf das neue Haarkleid warten. Endlich, im Februar, ist es dann soweit: Für ein halbes Jahr wird der Ozean wieder zum Zuhause der See-Elefanten.

Trotz des Ausnahmezustands, in dem die Bullen während der Paarungszeit leben, sind See-Elefanten im Grunde ausgesprochen gesellige Tiere. In kleinen Gruppen, eng aneinandergerückt, bevölkern sie den weiten Strand von Hannah Point, der im Norden von Geröllhängen und im Süden durch eine Gletscherwand begrenzt wird. Auf unserer Wanderung zu der Eisbarriere halten wir uns in den zurückliegenden Abschnitten auf, um die Tiere nicht in Unruhe zu versetzen. So haben sie allzeit Zugang zum Meer, während wir die verschiedenen Stadien ihres Fellwechsels begutachten können. Einige tragen noch vollständig die Sand- und Brauntöne ihres alten Fells, bei einzelnen ist das dunkle Grau der frischen Kluft schon dominant. Der weitaus größte Teil aber befindet sich irgendwo dazwischen und macht einen ziemlich kläglichen Eindruck.

Da der Pelz zusammen mit der obersten Hautschicht fleckenweise abgestoßen wird und zudem der Prozeß überall am Körper gleichzeitig einsetzt, sehen sie schon nach kurzer Zeit arg zerrupft aus. Außerdem ist ihnen zu warm. Die Wolkenfront über dem Meer hat sich vollständig aufgelöst, ungetrübter Sonnenschein liegt auf der Halbinsel und treibt die Lufttemperatur auf plus fünf Grad Celsius. Für einen See-Elefanten, dem das Fell juckt, ist diese Witterung rein gar nichts. Und so finden die Tiere Abkühlung, indem sie sich gegenseitig mit den Flossen nassen Sand über die Körper schaufeln. Aber das ist auch die einzige Regung, die wir bei der Horde beobachten können. Weitaus imposanter ist da schon ihre akustische Präsenz. Mannhafte Rülpser, die in den tiefsten Winkeln der kolossalen Leiber entstanden sein müssen, grollen durch die Bucht. See-Elefanten sind wahre Meister dieses Fachs, jede Tonart beherrschen sie virtuos! Egal ob explosionsartiges, dumpfes Poltern, kehlig ausgehustete Salven, langgezogenes kollerndes Dröhnen oder breiig rumorendes Geblubber, ob als Solo oder im Chor, stets ist es ein blitzsauberer Vortrag, der uns unweigerlich zum Lachen bringt. So machen wir es uns auf einem angeschwemmten Baumstamm gemütlich und richten die Blicke auf die See-Elefanten. Ihre Seite an Seite geschmiegten Körper erinnern aus der Distanz wieder einmal an eine Ansammlung flechtenüberzogener Felsen – äußerst lebendiger Felsen, die den dunklen Kies aufwirbeln und mit Hingabe ihr skurriles Konzert schmettern.

Im unbekannten südlichen Land

Weder Trugbild noch Enttäuschung

Mitten in der Nacht, vielleicht war es auch schon früher Morgen, wurden wir wach. Die Geräuschkulisse hatte sich geändert, dumpf drang das monotone Brummen der Maschinen in unsere Kabinen, und von außen klatschten Wellen gegen die Schiffsflanke. Die *World Discoverer* hatte Livingston Island verlassen und rasch Fahrt aufgenommen. Im wohligen Schauer, daß gleich neben den warmen Kojen, nur durch die Stahlwand getrennt, der eisige Ozean lag, schliefen wir wieder ein.

Um sechs Uhr ist es mit der Gemütlichkeit vorbei. Der Kabinenlautsprecher preist fröhlich den jungen Tag, bevor er mit Grabesstimme verkündet, was Langschläfer alles verpassen werden. Es ist gerade noch Zeit für Melone und Joghurt in der Lido Lounge, dann heißt es die Expeditionskleidung überziehen und sich zum Ausbooten einfinden. Kurz nach sieben Uhr jagt unser Zodiac über die übelgelaunte See, das Thermometer zeigt null Grad Celsius, und ein giftiger Schneeregen geht nieder. Unbeirrt hält der starke Außenborder Kurs auf Baily Head, an der Küste von Deception Island gelegen. Welcher Seefahrer mag der Insel ihren Namen gegeben haben? Waren es Franzosen, die ihrer Enttäuschung über das entdeckte Land Ausdruck verleihen wollten und es *Déception* tauften? Oder waren es Engländer, die ein Trugbild vor sich zu haben glaubten und es zur Warnung *Deception* nannten? Eine Antwort darauf wird die Geschichte wohl schuldig bleiben.

Nach einer rasanten Dusche aus Salzgischt und Schneeregen drosselt John den Motor unweit der geplanten Anlandestelle. Das Zodiac rollt zwischen Wellenkämmen vor der Brandung, und es zeigt sich, daß der Wetteraushang, der »rough wave action« ankündigte, nicht gelogen hatte. John muß abwarten, bis es günstig ist, an den Strand zu preschen. Mit aufheulenden Gasstößen kontrolliert er den Tanz und stellt das Zodiac gegen die Wellen. Unbeeindruckt von Strömung und Drift behauptet er unsere Position im Auf und Ab der Dünung. Unter seinem Kommando wird das Boot zum Fixpunkt. Beim ersten Atemholen der Wogen reißt John den Motor auf Vollast. Der Außenborder reagiert sofort, krallt sich wütend schäumend in die See und peitscht das Zodiac zum Strand. Jetzt muß alles schnell gehen, neue Wellenformationen bauen sich auf, um dem Ufer entgegenzurennen. Also runter vom Gummiwulst. Tiefer als erwartet gibt der Sand nach, Wasser schießt in die Stiefel, zerrender Sog will uns festhalten. Dann sind wir an Land.

Grundsätzlich hätten uns die Farben des Strands nicht überraschen dürfen, düster und dunkel waren sie in den vergangenen Tagen eigentlich alle. Der Ufersaum von Baily Head breitet sich jedoch als geschlossene Welt völliger Finsternis vor uns aus, so undurchdringlich, daß Lavabrocken und Absätze, Erhebungen und Senken mit dem bloßen Auge nicht mehr zu erfassen sind. Der breite Strand aus Basaltgranulat, das gewaltige Schlackekliff auf der einen Seite oder der ascheüberzogene Gletscher gegenüber – sie alle ruhen in tiefstem Pechschwarz. Selbst der anhaltend fallende Schnee hat es bisher nicht vermocht, hier seine Spuren zu hinterlassen. Er dominiert erst im bergigen Hinterland, zu dem wir nach kurzer Rast aufbrechen. Im Laufe der Wanderung, die stetig bergauf führt, nimmt die Temperatur in den Gummistiefeln wieder eine akzeptable Gradzahl an, während die arg strapazierten Parkas und Thermohosen den beißenden Wind abhalten.

Meter für Meter gewinnen wir an Höhe. Schließlich zwängt sich der Pfad an zwei emporragenden Bergschultern vorbei und mündet oberhalb eines gewaltigen Talkessels. Von hier aus setzen wir unseren Weg noch ein Stück entlang der Ostflanke fort, der wir etwa auf halber Höhe folgen. So haben wir einerseits einen phantastischen Blick auf das riesige Tal und sind andererseits von der aufsteigenden Bergkette umkreist. Dies ist die Heimat von mehr als 400 000 Zügelpinguinen, deren markanter Gestank die Luft über dem Rund füllt, während ihr zeterndes Geschrei ununterbrochen zwischen den Felswänden hallt. Die über uns ragenden Berghänge wirken abweisend und kalt. Grob und schroff dominieren die Felsen weit oberhalb des Kessels, auf Absätzen und Vorsprüngen liegender Schnee gibt ihnen die Struktur von Marmor. Schneefelder zeichnen den Verlauf von Quertälern und Einschnitten an den tiefer liegenden Hängen nach, die sie mit ihrer weißen Fracht begradigen; letzte Unebenheiten hat der Wind geglättet. Unten im Kessel, auf Erhebungen des nur wenig geneigten Lavaplateaus, um das ein Schmelzwasserlauf mäandriert, liegen die bevorzugten Plätze der Kolonie. Etwa 150 000 Zügelpinguine haben dort kleine Steinchen zusammengetragen und zu kreisrunden Nestern drapiert. Die Brutplätze der anderen 250 000 liegt in den flacheren Abschnitten der Hänge, aber auch an ihren steileren Partien und sogar weit oben, in Fels und Schnee.

Die Kolonie, die etwa ein Viertel des Gesamtbestands der auf Südshetland lebenden Zügelpinguine umfaßt, hat das Tal geprägt. Weite Teile wirken wie die kraterübersäte Mondoberfläche, so dicht liegen die Steinnester beieinander, und die hochfrequentierten Pinguinstraßen haben sich tief in den Boden gegraben. Am meisten aber verblüfft die Farbgebung des Tals. Seit Tagen sehen wir erstmalig wieder verschwenderisch viel Grün. Senken, Hügel und Abhänge sind bis hinauf zum Schneesims mit saftig strotzenden Moosen und Algen überwuchert. »Das ist das Verdienst des enormen Pinguinappetits, der über kurz oder lang zu einer prächtigen Verdauung führt«, erläutert Tony, »und was die Tiere von sich geben, das ist allerbester Dünger: reiner Guano! Der bringt sogar die Antarktis zum Blühen! Auch die flächendeckende Verteilung erfolgt ganz automatisch: Während das mit Brüten beschäftigte Elternteil sich seines Guanos entledigt, indem es sein Hinterteil kurz über den Nestrand lüftet, will der dienstfreie, hungrige Partner keinesfalls Zeit verlieren. Er läßt seinen Bedürfnissen unterwegs beim Marsch hinunter zum Meer einfach freien Lauf.« Damit ist der Ursprung der sternförmig um die Nester liegenden weißen Spritzmuster genauso geklärt wie die Herkunft des klebrigen Breis, der hartnäckig an unseren Stiefeln haftet.

Doch den Zügelpinguinen geht es auch nicht besser. Vor allem bei Tieren, die zur Bucht hinunterlaufen und das Bad noch vor sich haben, ist das Bauchgefieder alles andere als rein weiß. Ihre bläulichschwarzen Rückseiten sind da schon wesentlich unempfindlicher. Selbst bei starker Verschmutzung hinterlassen sie optisch stets einen korrekten Eindruck. Immer peinlich sauber und gut gepflegt sind hingegen Kopf- wie Gesichtsfedern. Nacken, Hinter- und Oberkopf sind schwarz, Kehle, Gesicht und Wangen weiß. Schnabel und Augen – beide schwarz – heben sich aus dem weißen Gesichtsfeld hervor. Ein feiner schwarzer Federstreifen verläuft unterhalb von Augen und Kinn als geschwungene Linie von einem Ohr zum anderen. Kein Wunder, daß man den Tieren den Namen Zügel- oder Kehlstreifpinguin gab.

Nach ausgiebigen Beobachtungen brechen wir wieder auf. Weiter geht es entlang der Ostflanke, so daß wir zunächst noch aus wechselnden Blickwinkeln in Talkessel und Kolonie blicken können. Der Pfad steigt beharrlich an. Bald haben wir den matschigen Untergrund hinter uns gelassen und stapfen durch tiefen Schnee. Kehre folgt auf Kehre, und irgendwann haben wir das Tal aus den Augen verloren. In dieser Region ist nichts mehr grün, obwohl das Terrain den Pinguinen zum Nisten nicht zu abgelegen ist und wir immer wieder auf brütende Tiere treffen. So tief aber kann kein Guano dringen. Hänge und Täler ruhen unter einer dicken Schneedecke, die alles unter sich begraben will, doch Fels und Lava halten dagegen. Schwarze Kämme durchbrechen das endlose Weiß. Windgeschützte Flanken verstecken sich, während umbrauste Gipfel im Sturm ihren Verbündeten finden. Hier ist noch lange nichts entschieden! Das Panorama, aller Farben beraubt, könnte nicht eindrucksvoller sein. Es ist eine schweigende Landschaft, ganz anders als vorhin in der Kolonie. Seit Stunden fällt jetzt schon Schnee. Bis auf gelegentliche Windböen ist das leichte Rieseln der einzige Laut in vollkommener Stille. Etwas oberhalb von uns steht ein Zügelpinguin. Aufrecht, mit halb ausgebreiteten Flügeln, verharrt er ganz ruhig. Auf seinem Kopf haben sich einige Schneeflocken gesammelt. Ohne die Flügel zu senken, blickt er über uns hinweg in die Welt aus Schwarz und Weiß – und macht dabei einen unglaublich zufriedenen Eindruck.

Es ist Mittag, als wir wieder an Bord der *World Discoverer* sind, und vor dem Essen gilt es noch allerhand zu erledigen. Wellen hatten beim Besteigen des Zodiacs den Wasserpegel in unseren

Gummistiefeln bedrohlich ansteigen lassen und uns rapide abgekühlt. Doch eine heiße Dusche und ein Kump dampfender Kakao wecken bald die Lebensgeister, so daß wir zur Rehabilitation unserer Wetterkleidung schreiten können. Die klatschnassen Parkas und Hosen haben Kälte und Güsse zwar nicht bis zum innenliegenden Fleecefutter durchgelassen, trotzdem sind sie jetzt schwer und wirken alles andere als behaglich. Gleiches gilt für Mützen, Schals sowie die Goretexhandschuhe, die beim Griff um die außen am Zodiac verlaufenden Halteseile mehrfach völlig überspült wurden. Die Gummistiefel schließlich sind es kaum wert, erwähnt zu werden. Ihr Zustand schwankt zwischen trostlos und katastrophal. Kurzum, so können wir nachmittags nicht an Land gehen. Abhilfe muß geschaffen werden – und zwar schnell!

Wenig später gleicht unsere Kabine einer Trockenkammer. Überall baumeln Kleiderbügel mit unserer malträtierten Kleidung von der Decke, stets in großzügigem Abstand, damit optimale Verdunstung gewährleistet ist. Die Klimaanlage, deren trockene Luft uns gewöhnlich ein Dorn im Auge ist, wird zur Trumpfkarte. Unter enormem Gerausche macht sie sich an die Arbeit, sobald wir die beiden Regler für Wärme und Luftstrom auf ihr Maximum legen. Der größten Herausforderung können wir uns allerdings erst nach dem Essen widmen. So lange müssen die umgestülpten Gummistiefel eben in der Dusche warten. Zumindest sind sie nach der Überflutung wieder blitzsauber.

Gut eine Stunde später hat die Koalition mit der Klimaanlage erste Früchte getragen. Die atmungsaktiven Gewebe halten, was ihr Preis verspricht, und werden bis drei Uhr wieder einsatzbereit sein. Das Trocknen der Gummistiefel wächst dagegen zum echten Problem. Zwar stehen uns, neben viel Enthusiasmus, zwei Föne zur Verfügung (ein mitgebrachter und ein fest montierter im Bad, dessen Ziehharmonikaschlauch schon nach wenigen Minuten widerlich heiß wird), aber trotzdem sind wir dem Scheitern näher als trockenem Schuhwerk. Egal wieviel heiße Luft man in den Schaft hineinpustet, das relativ geschlossene Prinzip eines Gummistiefels verwehrt jegliche Zirkulation. Außerdem müssen wir höllisch aufpassen, daß das tückische Material nicht auf die zugeführte Hitze mit Formverlust reagiert. Als es schließlich Zeit zum Umziehen wird, sind die Stiefel wenigstens nicht mehr naß und kalt, sondern nur noch feucht und immerhin warm. Da der gewonnene Erfolg draußen aber schnell verpuffen wird, müssen wir auf das erprobte Rezept eines Südafrikaners zurückgreifen, den wir vor Jahren auf den Lofoten getroffen hatten. Mit dem nordnorwegischen Klima hatte der Mann so seine Schwierigkeiten, die tagein, tagaus in eiskalten Füßen gipfelten. Irgendwann wurde ihm das Frieren zu bunt. Um die Temperatur anzukurbeln, stülpte er sich Plastiktüten über seine Socken, bevor er in die Wanderschuhe schlüpfte. Man mag dem dadurch ausgelösten Prozeß durchaus kritisch gegenüberstehen, das Fußklima bewegt sich auf alle Fälle aber im höchst komfortablen Bereich.

In der Zwischenzeit war die *World Discoverer* der Küste von Deception Island gefolgt, die den mittig gelegenen Kratersee nahezu vollständig umschließt und nur an einer winzigen Stelle Zugang gewährt. Der Einschnitt trägt den Namen *Neptune's Bellows*, Blasebalg Neptuns, und liegt im Inselsüden. Hier mußte die *World Discoverer* hindurchschlüpfen, um Einfahrt in die Caldera zu nehmen. Der Kratersee, der mit 15 Quadratkilometern eher das Ausmaß einer Meeresbucht hat, verdankt seinen Ursprung gewaltigen vulkanischen Explosionen, die den Mittelteil der Insel komplett wegsprengten. Abfallende Hänge, die ehemals von weit oben zum Meer ausliefen, wurden ihres Hinterlands beraubt und mutierten zum Wall in der Brandung. Bis auf Eiskappen und Schneefelder ist die Insel Schicht für Schicht aus Lava und Asche aufgebaut. Enorme Mengen Granulat und Staub wurden bei jedem Ausbruch in die Luft geschleudert und über der Insel verteilt, teilweise reichte der Ascheregen bis King George Island, weit im Norden des Archipels. Deception Island ist seit jeher eine unruhige Insel. Die älteste Dokumentation eines Vulkanausbruchs erfolgte 1842 durch die amerikanische Wilkes-Expedition. Ihre Tagebücher berichten, daß der gesamte südliche Rand der Caldera in Feuer stand, und erst 1991/92 verhinderten vulkanische Aktivitäten ein Besuchen der Bucht.

Die *World Discoverer* liegt in der Whalers Bay, einem geschützten Ankerplatz gleich hinter Neptuns Blasebalg. Die Wolken hängen immer noch tief, der Wind pfeift schneidend aus Ost, und der Schneefall ist in Eisregen übergegangen, als unser Zodiac auf die Walfängerstation zusteuert. Nebel wabert um die rostige Trankocherei und die weit im flachen Gelände verteilten Gebäude. Raubmöwen und Sturmvögel kreischen aus dem milchigen Grau, als wir am Lavastrand in die gespenstische Kulisse treten. Wir werden von Herbert begleitet, der uns vom Ufer weg in eins der halbverfallenen Stationsgebäude führt.

Unaufhörlich prasselt Eisregen auf das weit heruntergezogene Wellblechdach, der Wind heult schaurig durch zerbrochene Fenster und leerstehende Türzargen. Er läßt die grauen Balken ächzen und losgerissene Bretter gegen die Fassade schlagen, während das Dach unter der Last seiner Böen stöhnt. Im Raum befinden sich ein paar breite Tische und etliche umgestürzte Stühle, in den Ecken haben sich vereiste Schneewehen eingenistet, an der Längsseite stapeln sich grobe Holzkisten, angefüllt mit Küchenutensilien. Nebenan im Vorratsraum sind Regale in den taubengrau gestrichenen Wänden verankert. Sie sind bis in die oberste Etage mit Konservendosen gefüllt, die der Rostfraß zum Umstürzen und Auslaufen zwang. Sockel, Böden und Regalträger sind verwittert und bleich, durch und durch von Rost getränkt. Nur die Kopfleiste trägt noch ihren ursprünglichen grünen Lack. »Currants« ist oberhalb eines Fachs aus ungelenk gemalten Buchstaben zu entziffern. Darunter, zwischen aufgeplatzten Dosen und Büchsen, haben Eis und Frost den klebrigen schwarzen Rosinenbrei erstarren lassen.

Wir gehen wieder zurück in die ehemalige Kantine, wo uns Herbert die Geschichte der Walfängerbucht erzählt. »Bereits im 19. Jahrhundert schätzten europäische Robbenschläger die geschützte Lage von Deception Island und bauten ein Sommerlager. Durch ihre Berichte angezogen, folgten um 1900 Walfänger in die umliegenden Gewässer, die damals noch reich an Finn-, Buckel- und Blauwalen waren. Die Gier nach Öl und Tran sollte der Beginn einer brutalen Ausrottung sein, die ihresgleichen sucht. Bald waren es nicht mehr einzelne Walfänger, sondern gut organisierte Flotten, die mit immer mehr Schiffen Richtung Südshetlands aufbrachen.

1910 gründeten die Norweger schließlich die Basis in der Whalers Bay, keine einfache Fangstation, sondern eine gewaltige Fabrik, in deren riesigen Öfen jedes Jahr Zehntausende Tiere zu Tran verkocht wurden. Der Walreichtum um Deception Island war derart groß, daß die Männer mit ihrem blutigen Handwerk nicht nachkamen. Unmöglich, alle erlegten Tiere sofort zu verarbeiten. Und so schleppten die Fangschiffe ihre harpunierte Beute in den Kratersee, wo sie am Ufer, nahe den Tranöfen vertäut wurde. Damit die Leiber nicht sanken, preßte man mit Schläuchen Druckluft in sie hinein; Whalers Bay war ein einziges Walgrab. In manchen Sommern trieben mehr als 5 000 leblose Körper Seite an Seite auf dem Wasser, so dicht, daß einlaufende Schiffe, die die Tranfässer nach Norwegen transportieren sollten, nicht mehr an der Pier festmachen konnten…

Das Kapitel grausamer Abschlachterei währte über zwanzig Jahre. Zunächst erschütterte 1930 ein starkes Erdbeben Deception Island, der Meeresboden der Walfängerbucht sank um über fünf Meter und riß das Ende der Pier hinab auf den Grund. Doch die martialischen Öfen kochten weiter, ließen sich nicht vom Aufstand der Natur in die Schranken weisen. Das Schlachten hielt an. 1931 jedoch kam für die Station dann das Ende. Nicht etwa, weil der Walbestand vernichtet war oder die Insel sich heftiger aufgelehnt hatte, sondern weil die Gesetze der Ökonomie, die das Gemetzel erst hatten beginnen lassen, es so wollten. Ausgelöst durch die Weltwirtschaftskrise war der Weltmarktpreis für Tran rapide gefallen, was ein Aufrechterhalten des Betriebs unrentabel machte. Kurzfristig kehrte Ruhe in der Walfängerbucht ein – bis zum Beginn des Zweiten Weltkriegs: Mit Erkennen des deutschen Größenwahnsinns wurden die Treibstofftanks der verlassenen Station von englischen Kriegsschiffen vorsorglich zerstört. Damit war Deception Island als potentielles Spritdepot unbrauchbar, und der Antarktis blieb eine Rolle im Krieg erspart.

1944 dann erinnerten sich die Briten an die aufgegebenen Baracken von Whalers Bay und begannen, sie zu einer Forschungsstation auszubauen. Die Lage der Basis war ideal: Erst kurz hinter der weiten Ebene des Strands stiegen die Lavahänge der Berge an, so daß es möglich war, eine Flugzeugpiste anzulegen.

Und die geschützte Bucht in der Caldera, gleich hinter Neptune's Bellows, bot Schiffen einen sicheren Naturhafen. Bald nahmen die Forscher ihre Arbeit auf, die Walfängerbucht erwachte zu neuem Leben. Die Engländer hatten sich das ehrgeizige Ziel gesteckt, die südlichen antarktischen Gebiete aus der Luft zu vermessen. Erstmals sollten Inseln, Küste und Kontinent auf diese Art fotografiert und vor allem kartographiert werden. Wann immer es gerade möglich war, raste die orange *De Havilland Twin Otter* mit ihrem blau-weiß-roten Logo und der Aufschrift *British Antarctic Survey* über die schwarze Lavapiste, um kurz vor den Bergen im meist wolkenverhangenen Himmel zu verschwinden – stets auf der Suche nach klareren Gefilden.

Die englischen Wissenschaftler blieben nicht allein. Mitte der fünfziger Jahre errichtete Chile am Nordufer des Kratersees, in der Telephone Bay, eine neue Forschungsstation, und auch Argentinien verstärkte seine Präsenz. Während man sich in London, Santiago de Chile und Buenos Aires darüber die Köpfe erhitzte, welcher Nation wohl stärkere Anrechte auf Deception Island zustanden, arbeiteten die Forscher vor Ort im freundschaftlichen Miteinander. Gegenseitig wurde Hilfestellung geleistet, wann immer Probleme auftraten, und man feierte zusammen, was immer es zu feiern gab.

Es war 1967, als die Insel ihren vulkanischen Ursprung in Erinnerung rief. Schwere Eruptionen, die von Erdbeben begleitet wurden, überraschten die chilenischen Forscher im Schlaf. Über Deception Island entwickelte sich eine Rauchsäule, die mehrere tausend Meter hoch in den Himmel stand. Bald darauf ging Ascheregen, später gewaltiger Steinhagel nieder, und das Meerwasser in der Bucht begann zu kochen. Die Elemente waren in Aufruhr, beißender Dampf füllte die Telephone Bay, Lava und Schlamm setzten sich nahe der chilenischen Station in Bewegung. Die Männer reagierten schnell. Wenige Augenblicke nach dem ersten Beben brachen sie auf, um dem Kessel zu entfliehen. Ohne Schaden zu nehmen, schlugen sie sich bis in die Walfängerbucht durch. Das Zentrum des Vulkanausbruchs schien hauptsächlich im Norden zu wüten, und dem Nadelöhr Neptune's Bellows, der einzigen Möglichkeit, evakuiert zu werden, war man in

Whalers Bay näher. Fieberhaft versuchten die Männer der englischen Station Funkkontakt zur Außenwelt aufzunehmen. An den Einsatz der *Twin Otter* war nicht zu denken. Tatsächlich erreichte ihr Notruf einen chilenischen Eisbrecher, der sich unweit Deception Island seinen Weg bahnte. Das Schiff änderte seinen Kurs sofort und lief noch am selben Tag durch Neptune's Bellows in die Walfängerbucht ein, um die Mannschaften der beiden Stationen an Bord zu nehmen.

Ende 1967 sandte England erneut ein Schiff nach Deception aus, um das Ausmaß der Naturkatastrophe zu begutachten. Ganz wie die geretteten Forscher berichtet hatten, war vornehmlich der Nordteil der Insel in Mitleidenschaft gezogen worden. Die Schäden an der Station in der Whalers Bay würden schnell behoben sein. Allen Warnungen zum Trotz war die Basis zum Jahreswechsel 1968/69 wieder in Betrieb. Vierzehn Monate nach dem letzten Ausbruch, kurz nach Wiedereröffnung der britischen Station, aber holte der Vulkan zu einem vernichtenden Schlag aus. Eruptionen und Beben waren deutlich heftiger als gut ein Jahr zuvor. Neben Asche- und Dampfexplosionen rollten gewaltige Schlammlawinen, durchsetzt von glühender Lava, Felsbrocken und Gletschereis, über das Land. Die teuflische Mischung schien geradewegs aus den Tiegeln der Hölle zu strömen. Mit unbändiger Gewalt schliff sie die Küste, walzte nieder, was sich ihr in den Weg stellte, und kam erst im brodelnden Kratersee zur Ruhe. Wieder kochte das Meer. Die Station in der Telephone Bay war für immer begraben.

Doch auch um die Walfängerbucht stand es nicht viel besser. Über vierzig Meter sackte die Küste näher ans Meer, die Fluten verschlangen den Walfängerfriedhof, und sie rissen die Pier hinab auf ihren dampfenden Grund. Die Flugzeugpiste wurde aufgeworfen und von Spalten durchzogen. Wie ein Wellental breitete sie sich vor dem Hangar aus. Hals über Kopf gaben die Männer vom *British Antarctic Survey* ihre Station auf, bis zuletzt bearbeiteten sie das Funkgerät in rasender Hast«. Herbert blickt in die Runde und zelebriert die kurze Pause, bis er fortfährt: »Es mag unglaublich klingen, aber wieder empfing der chilenische Eisbrecher das Signal, wieder war es seine Crew, die die Männer von der Station rettete!«

Nebelfetzen huschen entlang der leeren Fenster, Knarren durchzieht das Gebälk, und der Wind wimmert um die scheppernden Hauben der Blechschornsteine. Eisregen graupelt auf das rostige Dach, Böen treiben seine eisige Fracht gegen die Wetterseite, deren Bretter viel zu verrottet sind, um sie aufzuhalten. Raschelnd tanzen die Kristalle über die Holzdielen. Ansonsten ist es ruhig in der Hütte, die Zeit steht still. Niemand will die gruselige Atmosphäre zerstören. Herbert muß grinsen, als er unsere grimmigen Mienen sieht. »Na, in welcher heroischen Überwinterung seid ihr denn abgetaucht?« fragt er mit dumpfer Stimme. »Kommt mit! Da draußen gibt es noch viel zu entdecken.«

Vorbei am Kohlenlager der britischen Station, über dem sich das windschiefe Dach gerade noch halten kann, geht es weiter zum Fundament der alten Waschkaue, die noch aus der Zeit der norwegischen Walfänger stammt. Nur ein gewaltiger gußeiserner Ofen, dessen Emailleschicht über und über von Rost zerfressen ist, hat den Verfall überstanden. Rohre und Anschlußstücke rekken sich in wirren Verrenkungen zwischen den massiven Bohlen – mehr ist von der Baracke nicht übriggeblieben. Ein gutes Stück von Unterkünften und Versorgungsgebäuden entfernt liegt im Norden von Whalers Bay der graue Flugzeughangar.

Im Innern der Bretterhalle lagern Ölfässer, Aggregate und Kanister, Schläuche und Kabel hängen an verbogenen Haken. Meßinstrumente und Werkzeuge rosten im wilden Durcheinander der Hobelbank, während sich Flügel, Leitwerke, Türen und Stahltrossen über den Boden verteilen. Nebenan ist der komplette Motor aufgebockt, Propellerflügel, Kufen und rissige Reifen sind einzeln in den Fächern einer meterhohen Stellage untergebracht. Draußen, an der windgeschützten Seite des Hangars, steht das Gerippe der *De Havilland Twin Otter*. Der Vulkanausbruch ließ keine Zeit, sie noch in den Flugzeugschuppen zu rollen. Über Jahrzehnte haben Eisstürme und Sandstrahlgebläse aus hochfeinem Lavastaub die Frontscheibe erblinden lassen und den orangefarbenen Lack abgeschmirgelt. Nur mit einiger Mühe können wir *British Antarctic Survey* über dem fahlen Logo erkennen. »Nach der ersten Eruption von 1967 war die Maschine noch gar nicht vollständig neu aufgebaut, da wurde die Station auch schon wieder zerstört«, erklärt Herbert den Zustand des Flugzeugs. Dann schlägt er vor, auf dem Rückweg zur Anlandestelle nicht noch einmal die schwarze Stationsebene, die vom Verfall der Anlagen und Tanks mit schäbig braunem Eisenoxid getränkt ist, zu queren, sondern dem Verlauf der Bucht zu folgen.

Der überspülte Strandstreifen entlang der Wasserlinie ist so fest, daß er uns mühelos trägt. Mit einigem Vergnügen stapfen wir mit den Gummistiefeln durch ans Ufer schwappende Wellenausläufer und bekommen immer wärmere Füße. Sollte unsere Tütenisolierung derart perfekt arbeiten? Höchst unwahrscheinlich! Ein Griff ins Naß schafft Klarheit: Das Wasser hat an manchen Stellen doch tatsächlich Badetemperatur! »Das hat ja gedauert. Ich dachte schon, ihr merkt es gar nicht mehr«, flachst unser Begleiter. »Ufer und Grund des Kratersees sind von tiefen Spalten durchzogen, aus denen Heißwasserquellen sprudeln. Diese geothermischen Aktivitäten sollten genügen, das Vulkanpotential von Deception Island ernst zu nehmen. Die Insel mag zur Zeit zwar schlummern, tief eingeschlafen ist sie aber noch lange nicht. Mittels Sonden und Meßwarten wird der aktuelle Zustand zwar heute ständig protokolliert, auch Veränderungen können recht präzise im Frühstadium erkannt werden, trotzdem holen wir uns aber vor jeder Anlandung erst ein O.k. Sicher ist sicher!«

Es dauert noch einige Zeit, bis die Zodiacs wieder zur *World Discoverer* übersetzen. Wir hocken auf den Überresten eines flechtenübersäten Holzboots, das halb im Strand versunken ist, und lassen die Beine im lauwarmen Wasser baumeln. Die Norweger benutzten die Kähne damals, um in der Bucht treibende Eisblöcke zur Station zu transportieren, wo sie in Gletscherschmelzbecken zu Trinkwasser auftauten. Hinter unseren Rücken wachsen Kessel, Öfen und Tanks der Walfangstation gespenstisch empor. Braun und rostzerfressen verwittert das Eisen der Trankocherei. Ihre hohen Schornsteine wurden zum Großteil vom Sturm niedergerissen, nun liegen sie zerborsten auf den Wellblechtrümmern der Maschinenhalle. Aus Bäuchen und Flanken der Kessel sind zahlreiche Nieten geplatzt, Faßbänder ragen aus der rostig schwarzen Lavaasche. Manometer und Schauglaser sind wassergefüllt erstarrt, auseinandergerissene Drahtseile fransen an Spannhaken. Eisenlaternen mit zerbrochenem Glas hängen wie Galgen über der verwüsteten Szenerie. Ungeschminkt zeigt die Anlage ihr todbringendes Gesicht.

Um sechs Uhr abends ist die *World Discoverer* bereit zum Auslaufen. Die Passage von Neptuns Blasebalg läßt der Kapitän sich nicht von seinen Offizieren nehmen. Souverän und konzentriert erteilt er seine Kommandos, die der Rudergänger wiederholt. Unmerklich gleitet die *World Discoverer* durch die Engstelle. Auf jede Kurskorrektur reagiert sie sofort, ohne dabei überhastet zu wirken – sie ist halt ein echter Profi. Für die Nacht hat sie noch ein strammes Programm vor dem Bug: Von Deception Island geht es ein letztes Mal hinein in die Bransfield Strait, die wir an ihrem Südausgang verlassen, um in die Gerlache Strait einzufahren. Ihr folgen wir Richtung Süden, vorbei an Brabant Island und Danco Coast, bis schließlich, nach gut 110 Seemeilen, der Anker in der Charlotte Bay gelegt wird. Unsere Ankunft wird morgen früh gegen acht Uhr erwartet.

Der Kontinent ist erreicht

Das klare Wasser der Charlotte Bay gluckst um den Rumpf unseres Schiffs, frischer Schnee der vergangenen Nacht breitet sich über Decks und Reling, und steil beginnende Berghänge im Hinterland verschwinden unter Wolkenmützen. Meterhoch lagert die trotz bewölkten Himmels blendend weiße Schneedecke über den Ausläufern von Portal Point, ein Heer von Eisschollen treibt träge in der Bucht, auf einigen lungern graugetupfte Krabbenfresserrobben. Die nächtliche Südfahrt hat uns in zunehmend frostigere Gefilde verschlagen. »Wetter/Wind: bedeckt, Schneefall/windstill. Luft-/Wassertemperatur: plus zwei Grad Celsius/null Grad. See: spiegelglatt«, notiert der Wetteraushang oben auf der Brükke. Gar nicht so schlechte Aussichten!

Portal Point ragt als breiter Eckzahn aus dem Rachen von Charlotte Bay, einer der ungezählten Buchten an der Westflanke der Antarktischen Halbinsel. Verhalten tuckert unser Zodiac entlang markanter Eisblöcke der Anlandestelle entgegen. Mächtige Plattformen und zerklüftete Abbrüche werden in respektvollem Abstand passiert, während sich der grobporige Eissud vom Kiel teilen läßt und zu beiden Seiten des Schlauchboots schwappt. Um halb neun Uhr macht das Zodiac längs eines umspülten Felsbuckels, der vorsichtig aus dem Wasser lugt, fest, und wir betreten zum ersten Mal den antarktischen Kontinent. *Terra Australis Incognita*, das unbekannte südliche Land, ist erreicht.

Hier können wir ganz sicher sein, auf dem fernen Gestein zu stehen, sobald wir aber die Anlandestelle verlassen, versinken wir knietief im Schnee. Anfangs wird jeder Schritt von durchaus begründeter Sorge um den Verbleib unserer Gummistiefel begleitet – und ein Verlust wäre fatal! Doch schon wenig später hat sich bereits ein Trampelpfad etabliert, der vom Ufer zu einer verlassenen Hütte führt. Sie liegt gut zweihundert Meter entfernt vom Wasser, im Delta einer spitz zum Meer laufenden Landzunge. Dies ist die einzige Ebene zwischen all den Berg- und Hügelkämmen der Charlotte Bay, die im steilen Winkel geradewegs zur Bucht hinuntersausen und keinen Platz für Strände verschwenden.

»Die Hütte war einer der Außenposten vom *British Antarctic Survey*«, erklärt Tony, während wir die graue Holzbaracke umrunden. »Bis 1956 war sie im Sommer mit vier Mann besetzt, die hier meteorologische Messungen durchführten und die Daten zur Basis in der Whalers Bay funkten. Mitte der fünfziger Jahre gaben die Engländer die Wetterhütte auf. Sie erwarteten einen Vulkanausbruch auf Portal Point, der jedoch niemals stattfand, und die Mannschaft wurde in einer Hauruckaktion durch ein englisches Versorgungsschiff abgeborgen. Warum die Hütte in den Folgejahren nicht wieder neu besetzt wurde, ist unklar, wahrscheinlich war ihr Betrieb zu aufwendig. Als Anlandepunkt ist die Station einfach einmalig, da sie all die Jahre nach dem abrupten Verlassen ohne Verfall überstanden hat. Nicht ein Fenster ist zerbrochen, kein Holz geborsten oder Schnee eingedrungen, nichts ist verschimmelt. Sie ruht genau in dem Zustand wie an jenem Tag Ende 1956, als plötzlich das Versorgungsschiff in die

Charlotte Bay einlief und die Männer evakuierte. Irgendwie macht sie den Eindruck, als fühle sie sich überrumpelt, so als würde sie jeden Morgen darauf warten, daß die Engländer zurückkehren und die Arbeit wiederaufnehmen. Es ist komisch, aber ihr werdet es ja gleich selbst sehen.«

Die Wetterwarte ist nahezu quadratisch, ihre Längsseite mißt etwa dreieinhalb Meter, quer sind es gut drei. Vom First des Spitzdachs fallen die Flanken im rechten Winkel zur Fassade hin ab. Obwohl es keine Überhänge gibt, an denen der Wind zerren könnte, spannt sich von jeder Ecke ein solides Stahltau zu tief im Gestein eingelassenen Verankerungen. An Nord-, West- und Ostseite sind holzgefaßte Fenster mit weißen Kreuzen eingelassen, an der Südseite liegt, von einem geduckten Vorbau geschützt, der Eingang der Wetterstation. In Zweiergruppen führt uns Tony ins Innere der Hütte. Trotzdem bleibt für jeden ausreichend Zeit, die merkwürdige Atmosphäre aufzunehmen. Und wirklich weist rein gar nichts darauf hin, daß die Baracke seit Jahrzehnten leer steht, vielmehr scheint es, als seien die vier Forscher gerade auf einen Sprung draußen im Schnee, um eine morgendliche Messung vorzunehmen.

Auf dem Herd steht die schwere Eisenpfanne, in der sich gebackene Bohnen und Rost zu einem unappetitlichen Sud vermengt haben. Der Pfannenwender liegt zum Auftischen bereit, Schneebesen und eine halb mit Mehl gefüllte weiße Emailleschüssel verraten, daß wohl Pfannkuchen das Frühstück abgerundet hätten. Im Regal über der Arbeitsplatte sind Konservenbüchsen, Einmachgläser, Papptüten und Gewürzbeutel säuberlich aufgereiht. In den Unterschränken lagern Kochutensilien, Vorratssäcke, Flaschen und Ölkanister. Durch das gemütliche Ausstellfenster, das guten Dunstabzug verspricht, hatte der jeweils köchelnde Forscher einen schönen Blick auf die Charlotte Bay.

Im Anschluß an die Kochnische, die gleich rechts hinter dem Eingang plaziert ist, steht ein Etagenbett, unter dem sich ebenfalls Kisten und Vorräte verstecken. Auf den Matratzen liegen, ordentlich zusammengefaltet, gestreifte Kopfkissen und Bettdekken. Die zwei Meteorologen hatten ihre Kissen weg von der Küche drapiert. So konnten sie zwar nicht durch das mittig in der

Nordwand eingelassene Fenster auf die verschneiten Berghänge schauen, aber sie genossen einen exzellenten Blickwinkel auf die Pin-up-girls, die mit Heftzwecken an der Rückwand der Kochnische befestigt sind. Gegenüber ist in der Wand eine Bank eingelassen, davor stehen ein abgescheuerter Tisch sowie zwei schwarze Eisenstühle mit Holzauflagen. Oberhalb der Bank, die gleichzeitig als Truhe diente, liegt das dritte Fenster. Ein darüber verschraubtes Brett, das über Eck bis zum Fenster vor Kopf verläuft, fungiert als Bücherregal. Bücher, Karten und Hefte stapeln sich im wilden Tohuwabohu auf dem schmalen Sims und drohen hinunterzustürzen. Gut möglich, daß das eine oder andere vulkanische Räuspern die Hütte im Laufe der Jahrzehnte zittern ließ.

Beide Wände werden ebenfalls von vergilbten Fotos und Zeichnungen leichtgeschürzter Damen verziert, nur eine herunterhängende Wandkarte verweist dezent auf wissenschaftliche Aktivitäten. Neben dem Tisch findet sich schließlich das zweite Etagenbett. Auf seiner Ablage reift eine Flasche *Cointreau*, die 1955er Ausgaben von *Woman*, *Pix* und dem *Motor Journal* sind auf der unteren Matratze verstreut. Von der Decke baumeln zwei Kerosinlampen, der gußeiserne Ofen in der Kochecke scheint ausreichend dimensioniert, um die Ein-Zimmer-Hütte behaglich durchzuheizen, zwischen Tabaksdosen und einer Holzablage mit Zeitungsausschnitten und Papieren steht in Tischmitte ein Pastenbrenner, und Kerzen im Regal geben dem heimeligen Ambiente den letzten Schliff. Allem Anschein nach waren die vier Wetterexperten eine recht fröhliche Runde. Wir genießen das Privileg, in der Warte von Portal Point Einblick in den Forscheralltag längst vergangener Zeiten zu bekommen, ohne von Verfall und Moder an den unwiderruflichen Abschluß dieses Kapitels erinnert zu werden.

Hochzufrieden versinken wir draußen bis zur mittäglichen Abfahrt im Schnee oder rodeln auf Plastiksäcken die Hänge des Hausbergs hinunter. Das Treibeis in der Charlotte Bay zirkuliert unmerklich, nur mit den Krabbenfresserrobben als Orientierungshilfe können wir die Driftrichtung ausmachen. Inmitten des blauweißen Mosaiks zeigt uns die *World Discoverer* mal ihre Steuerbordflanke, mal ihren Bug, mal ihr Heck. Versonnen trödelt sie um ihren Anker und wartet.

Wir geraten in ein Experiment

In den folgenden Stunden, während wir uns weiter Richtung Süden durch die Gerlache Strait schieben, nimmt der Eisgang Seemeile für Seemeile zu. Immer näher rücken die Berghänge rechts und links der Wasserstraße. Im Errera-Kanal, zwischen Arctowski Peninsula und Range Island, scheinen sie keinen Durchlaß zu gewähren. Mit langsamer Fahrt bahnt sich die *World Discoverer* ihre Schneise durch Treibeis, krachend rammt sie gegen gewaltige Brocken, daß sie gurgelnd unter Wasser tauchen. Die scharfkantigen Ränder der frostigen Barriere können dem Drängen des Bugs nichts entgegenhalten, dennoch tragen sie die abgeschrammten Splitter unseres blauen Lacks voller Stolz, wie verdiente Trophäen. Wir steuern auf Cuverville Island zu, eine dunkle, felsige Insel vor der Westküste von Grahamland. Nochmals wird der Errera-Kanal enger: Gewaltige Gletscherfronten mit zerklüfteten Grotten und Spalten drängen weit in die Fahrtrinne, dahinter steigen schwarze Bergwände, durchzogen von Adernetzen aus Schnee und Eis, nahezu senkrecht empor. Wir sind inmitten eines langgezogenen, tiefen Einschnitts, der keinen Raum für den Horizont läßt. Weit hängt die Wolkendekke hinab, die wummernden Schiffsdiesel grollen im kalten Gestein des Kessels, und die Positionsleuchten blinken gespenstisch, wenn Nebelfetzen sie umhüllen.

Um drei Uhr nachmittags nimmt die *World Discoverer* ihre Fahrt zurück, das schäumende Heckwasser ebbt ab, und wir gleiten aus. Mit klirrendem Rasseln schießt die Ankerkette zum Wasser, klatschend taucht sie ein, begleitet von brodelnden Luftblasen sinkt sie tiefer und tiefer, bis sie schließlich Grund erreicht. Noch einmal faßt der Elektromotor mit heulendem Sirren nach, dann steht die Kette unter Spannung, und es wird ruhig. Schon von der Reling aus können wir beobachten, daß Cuverville Island eine quirlige Pinguinkolonie beherbergt. Die flachen Inselausläufer bieten allerbesten Zugang zum Meer, während graue Granitblöcke, die in jeglicher Größe über die Ebene verstreut sind, zu gut geschützten Nistplätzen taugen. Über Hinterland, Berge und Hügel breitet sich eine dicke Schneedecke aus – kein Vergleich zu den rauhen Wänden gegenüber auf Grahamland.

Unsere Zodiacfahrt wird nicht nur von den rotschnäbligen Eselspinguinen verfolgt, deren krächzende Iah-Rufe anfangs für allerhand Verwirrung sorgen, sondern auch von vier dick eingemummten Gestalten. Zwei helle Schlauchboote, die weit ans Ufer gezogen auf ihren Einsatz warten, vier Kuppelzelte und drei würfelförmige Hütten, die keinesfalls mit Stehhöhe verwöhnen, markieren die Sommerstation vom *Scott Polar Research Institute* auf Cuverville Island. Es ist die dritte und letzte Saison für Amanda Nimon, Amanda Ellerbeck, Kim Crosbie und Sean Stephans. Ihre Forschungsreihe über das Brutverhalten der Eselspinguine und die Entwicklung des Raubmöwenbestands wird in wenigen Wochen abgeschlossen sein.

Unsere Anlandung kommt den drei Damen und ihrem Kollegen wie gerufen, beschäftigt sich doch ein Aspekt ihrer Studien mit den Auswirkungen des Tourismus auf die Tierwelt. Am Beispiel der Eselspinguine wollen sie herausfinden, wie die Vögel auf den Besuch von Menschen reagieren: Ab wann nehmen Pinguine eine Anlandung wahr? Schon wenn sich ein Schiff nähert, beim Heranrauschen der Zodiacs oder erst, wenn die roten Parkas die Insel bevölkern? *Oft konnte ich mich des Eindrucks nicht erwehren, daß für Pinguine der Mensch nur eine andere Art Pinguin ist – ein bißchen fremdartig, nicht immer berechenbar, manchmal gewalttätig, aber ein erträglicher Gesellschafter, solange er still dasitzt und sich um seine eigenen Angelegenheiten kümmert*, schrieb einst Bernhard Stonehouse. Das englische Forscherteam möchte es allerdings noch ein bißchen genauer wissen. Bewußt wählten sie Cuverville Island als Standort für ihre Langzeituntersuchung. Die Insel bietet nahezu ideale Voraussetzungen: Einerseits läuft so ziemlich jedes Expeditionsschiff das grandios gelegene Eiland an, womit regelmäßiger Nachschub für den Versuchsaufbau gewährleistet ist, andererseits sind die gut tausend Eselspinguine noch relativ überschaubar, und ihre Kolonie ist einfach zu erreichen.

Schnell sind zwanzig Freiwillige für ein Experiment gefunden. Wir werden von den beiden Amandas eingewiesen, während Kim und Sean von einer Felskuppe aus das Verhalten der übrigen per Videokamera observieren. Unsere Aufgabe ist denkbar einfach: Wir müssen uns vor einer Reihe nesthockender Eselspinguine im Abstand von einem Meter aufbauen und zehn Minuten warten. Dabei dürfen wir fotografieren, uns setzen, knien oder stellen, uns auf der Stelle bewegen, nur eben nicht weggehen. Derweil wird die Herzfrequenz der Versuchspinguine mittels Meßsonden, die den Tieren in künstlichen Eiern untergeschoben wurden, ermittelt. Die ursprünglichen Pinguineier sollen ausschließlich durch natürliche Umstände abhanden gekommen sein, versichern die Forscherinnen – wollen wir es mal glauben. Während die ahnungslosen Probanden nun das sensible technische Gerät bebrüten, gibt ihr langsamerer oder schnellerer Herzschlag darüber Auskunft, ab welcher Distanz ihnen die Lage suspekt wird.

»Wir wollen eine realistische Marke für den Mindestabstand zwischen Besuchern und Pinguinen herausfinden, denn die gängigen fünf Meter basieren nur auf Schätzungen«, erklärt Amanda Ellerbeck im Anschluß an die zehn Minuten. »Begonnen haben wir bei zwanzig Metern, und der heutige Ein-Meter-Versuch schließt die Reihe ab. Jetzt gilt es, eine enorme Datenmenge in England auszuwerten. Natürlich können wir keine hundertprozentig objektiven Ergebnisse leisten, denn die Tiere haben sich ja im Laufe der Sommermonate nicht nur an unsere Anwesenheit gewöhnt, sonder auch an die Menschenreihen, mit denen sie in unregelmäßigen Abständen konfrontiert wurden. Aber wir hoffen, auf der Suche nach einem Kompromiß zwischen dem hochempfindlichen Ökosystem der Antarktis und dem Wunsch des Menschen, hierher zu reisen, ein Stück weiterzukommen. Darüber hinaus hat die Arbeit hier unten unheimlich viel Spaß gemacht. Wir werden unsere Ministation alle sehr, sehr vermissen.«

»Wie hat sich denn Sean entwickelt, allein unter Pinguinen und Frauen?« möchte einer wissen. »Ja, er hatte es wirklich nicht immer ganz leicht als doppelter Exot auf Cuverville Island. Aber wir haben uns bemüht, ihn stets zu verwöhnen. – Nicht, was ihr denkt!« setzt sie schnell nach, als wir grinsen. »Hier hat jeder sein eigenes Zelt, und außerdem ist es lausig kalt, wenn man auch nur einen Socken auszieht! Und jetzt kommt mit, wir verkaufen T-Shirts und Aufnäher – und wir haben einen tollen Stempel«, locken die geschäftstüchtigen Forscherinnen in ihr Materialhäuschen, das kurzfristig zum Souvenirshop wird.

Nur gebückt kann man sich in dem kleinen Verschlag, der nach frischem Holz duftet, fortbewegen. Normalerweise sind hier Ordner, Stative, Meßgeräte und sauber aufgewickelte Kabel untergebracht. Die Nachbarhütte ist etwas größer und dient als urige Aufenthaltskammer mit Kochgelegenheit und Vorratslager. Draußen schnurrt der Generator mit seidenweichem Lauf.

Zumindest äußerlich wirken die Pinguine von dem ganzen Trubel völlig unbeeindruckt. Ihr engmaschiges Wegenetz spannt sich hinter dem felsigen Strand kreuz und quer über die Pulverschneedecke. Teilweise stapfen die Tiere über weite Distanzen, um an einer ganz bestimmten Stelle ins Meer zu gehen (wobei in tief ausgetretenen Abschnitten nur noch ihre Köpfe aus dem weißen Einerlei lugen). Bei der Wahl ihrer individuellen Bade- und Beuteplätze sind sie ausgesprochen eigenbrötlerisch, und vereinzelte Spuren führen sogar hinauf zu den Hängen. Was um Himmels willen mögen die Kerle dort wohl suchen? Noch viele Episoden des Pinguinalltags können nicht erklärt werden, und das ist auch gut so. Solange wir nicht alles über sie wissen, wird ihre verwegene Zielstrebigkeit für uns immer etwas Geheimnisvolles bleiben.

Wir gehen noch einmal zurück ins Zentrum ihrer Kolonie. In großen Steinnestern, die gerne mit alten Schwanzfedern ausgepolstert werden, wird heftig gebrütet. Bei der Übergabe der Eier von einem Partner zum anderen gehen die Tiere genauso behutsam wie schnell vor; unter Einsatz von Füßen und Schnäbeln wird bugsiert und geschoben. Bis schließlich eine optimale Lage in der warmen Brutfalte gefunden ist, dauert es seine Zeit. Die Pinguineltern müssen allerdings achtgeben: Immer ist da die Gefahr der Unterkühlung, und überall lauern wachsame Raubmöwen, die nur auf einen Fehler warten.

Eine beliebte Aktivität in dieser wie in allen Eselspinguinkolonien ist das gegenseitige Entwenden von Steinchen. Jeder versucht aus dem Nest des Nachbarn solch eine kleine Kostbarkeit herauszubröckeln, um sie dem eigenen Bau hinzuzufügen. Um Steine wird gezetert, gestritten und gekämpft – Steine sind für

Eselspinguine einfach ungeheuer wichtig. Nicht nur, weil sie sicherstellen, daß die Eier im Frühling über dem Schmelzwasserpegel liegen, oder weil sie als Balzgeschenk für die Partnerin enorme Wirkung zeigen – Pinguinmänner werden selten derart verwöhnt. Sie sind wichtig aus Prinzip, und es geht ums Sammeln. Über Jahrhunderte wechseln die Steinchen innerhalb einer Kolonie unaufhörlich Position und Besitzer, ständig sind sie auf Wanderschaft. Vor Jahren haben Wissenschaftler einmal Experimente mit unterschiedlich eingefärbten Kieseln durchgeführt, die im gleichmäßigen Abstand am Rand eines Brutgebiets ausgelegt wurden. Man war von der rasanten Umschlaggeschwindigkeit überrascht. Schon nach Stunden zirkulierte das begehrte Gut in der Mitte der Kolonie. Darüber hinaus stellten die Forscher fest, daß die Tiere eine eindeutige Farbpräferenz entwickelt hatten: Es waren die roten Steinchen, die die Herzen der Eselspinguine geradezu hämmern ließen. Die roten sind die Steine der Steinchen!

Ein Abend im Paradies

Als um sechs Uhr abends die *World Discoverer* ablegt, ist der Tag noch lange nicht zu Ende. Die vier Mitglieder vom *Scott Polar Research Institute* hatten nacheinander an Bord eine ausgiebige Dusche genommen und waren, mit einem dicken Lunchpaket von der Küche ausgerüstet, zu ihrem Camp zurückgekehrt. Im Anschluß an Recap und Briefing stimmen wir uns in der Discoverer Lounge mit dem *Cocktail des Tages* Richtung Abendessen ein. Wurden wir in der Vergangenheit mit schillernden Kreationen wie *Yellow Bird*, *Antarctic Sunshine* und *Sundowner* verwöhnt oder vom strammen *Fogcutter* benebelt, steht heute der *Pink Penguin* auf Joes Programm. Farblich wie geschmacklich ist der bunte Vogel weit vom Kurs abgekommen: Pure Karibik prickelt in den gläsernen Kelchen, kein Hauch erinnert an die Nähe zum südlichen Polarkreis! »Das ist eben meine ganz persönliche Interpretation«, schmollt Joe und hebt zum Vortrag über sein künstlerisches Handwerk an. Dieser endet erst durch Ordern eines weiteren *Pink Penguin*. Das Verhältnis der übrigen Passagiere zum Tagestrunk ist vorurteilsfrei und ausgesprochen herzlich, so daß Joe bald pausenlos mit wirbelndem Shaker hinter der Theke rotiert, Orangenscheibchen auf zuckerberaspelte Glasränder steckt, Cocktailkirschen drapiert und neue Grundmischungen ansetzt.

Kurz vor halb acht Uhr wird der Barchef durch den kollektiven Aufbruch zum Marco-Polo-Restaurant entlastet, wo wir den kulinarischen Versuchungen von Mandarinensalat, Lachsmousse und Pfeffersteak willenlos ausgeliefert sind. Derweil hat die *World Discoverer* ausgangs des Errera-Kanals die Andword Bay gekreuzt und den kolossalen Felszinken von Duthier Point umrundet, um mit der Passage von Lemaire Island zu beginnen. Beim Dessert wird die Szenerie jenseits der großen Fenster zu spektakulär. Unmöglich, entspannt weiterzutafeln – wir müssen an Deck. Ein kurzer Abstecher in die Kabine, schon sind wir gerüstet, können Kälte und Wind trotzen.

Draußen ist es nach wie vor hell, erst eine halbe Stunde vor Mitternacht wird die Sonne untergehen. Sehen können wir sie allerdings nicht, dicke Wolkenbänder lasten über Land und See, die gleichermaßen vom Eis beherrscht werden. Phantastische Stunden liegen vor uns, Stunden im diffusen Licht, das allmächtige Gletscher kreieren. Wir sind eingetaucht in eine unwirkliche Fabellandschaft. Immer weiter drängt die *World Discoverer* durch wirre Kanäle, immer tiefer hinein in die Welt aus Fels, Schnee und Eis, in der nur Platz für eine Farbe ist: Blau! Blau in allen Schattierungen: hell leuchtend, dominant, dunkel und traurig, verschlingendes Blau, bedrohliches Blau, Blau, das explodieren möchte, gläsernes und lichtes Blau. Nie zuvor haben wir die Vielfalt des Eises so erlebt. Joe hatte recht behalten – wir sind hinter dem Horizont.

Kalt und klar atmet die monochrome Welt. Inmitten der Stille murmelt nur das sonore Schiffswummern sein Credo der Fahrt. Weder einsetzender Schneeregen noch beißende Böen können uns von der Reling vertreiben. Mit eiskalten Nasen und flatternden Parkas begleiten wir die Etappe. Die *World Discoverer* steuert hart backbord, durchbricht das lockere Packeis und nimmt

Einfahrt in die Bucht, deren Name Programm ist: Paradise Bay. Überall in der Meeresbucht treiben Eisberge jeder Form und Größe, ununterbrochen wird der Eisgang von der Brücke beobachtet, Kapitän oder Offiziere halten Ausschau nach Schneisen. Oft müssen wir schwergewichtigen Barrieren ausweichen, nur auf Umwegen können wir Kurs halten. Dumpf polternd bahnt sich der Rumpf seinen Weg durch wabenartiges Pfannkucheneis, oder er läßt großflächige Plattformen krachend zerbersten, wenn er sie direkt nimmt.

Bis wir unser Ziel auf 64° 53' südlicher Breite, 62° 53' westlicher Länge erreichen, ist es halb zehn Uhr abends. Minuten später ist der unermüdliche John im Scoutboot unterwegs, um unsere Anlandung vorzubereiten. Die nächtliche Anlandung ist zweigeteilt: Gruppe A wird zunächst die argentinische Forschungsstation *Almirante Brown* ansteuern, während Gruppe B zu einer Gletscherfahrt entlang der Küste aufbricht. Um 23 Uhr wird am Schneestrand von *Almirante Brown* getauscht, und gegen halb eins morgen früh will die *World Discoverer* auslaufen. Wir sind Gruppe B und können erst in Ruhe den Zodiactransfer für die Stationsbesucher beobachten, bevor wir mit den zurückkehrenden Booten aufbrechen.

Tony hat sich seine Sturmhaube aus blauem Fleece bis tief über die Stirn gezogen. Nur Augen, Nase, Wangen und Mund sind der Kälte ausgesetzt, Kinn und Ohren liegen im Schutz der flauschigen Kopfbedeckung, deren Schalkragen bis unter den Parka reicht. Zwar muß er, wann immer sich das Sprechfunkgerät krächzend in seiner Brusttasche meldet, erst mit den Fingern den Mützenausschnitt bis hinters Ohr ziehen, aber das ist allemal besser als eine weit ausladende Kapuze, die seinen Sichtwinkel einschränken würde. Und gute Sicht braucht Tony, während er unser Zodiac steuert. Das Fahren im brüchigen Eis ist schwierig, schrammend drängen die dicken Gummiwülste durch breiige Eismassen, die tückisch im Wasser der Bucht dümpeln. Tony blickt starr voraus, um offene Zonen zwischen den Schollen aufzuspüren, die zum Durchschlüpfen taugen. Obwohl der Außenborder auf Hochtouren dreht, geht es nur schleppend voran. Die frostige Front kennt kein Pardon. Für den Ornithologen wie für das Material bedeutet die Fahrt harte Arbeit, uns beschert sie grandiose Eindrücke inmitten der knisternden und knackenden Bucht. Meter für Meter quält sich das Zodiac näher heran an Gletscher und Felskliffe, die Paradise Bay umgeben. Antarktische Seeschwalben, die auf hohen Simsen und in versteckten Kerben nisten, beobachten uns während ihrer halsbrecherischen Tiefflüge. Ihre ständigen Starts und Landungen sorgen für hektisches Treiben in den Wänden.

Trotz der widrigen Umstände, die ein chronologisches Ansteuern der konkurrierenden Höhepunkte nahezu unmöglich machen, gelingt es Tony, sich den landschaftlichen Superlativ bis zum Schluß aufzusparen. Kurz bevor es Zeit zum Umkehren wird, lenkt er das Zodiac in einen Seitenarm der Paradise Bay, hinter dem sich der spaltendurchzogene Suarez-Gletscher verborgen hält. Die Passage entlang der eisigen Kulisse raubt uns den Atem. Kolossale Türme und Säulen bilden eine Kathedrale aus Eis, die gleichermaßen filigran wie urgewaltig ist. Tiefblaue Höhlen, flankiert von geschwungenen Portalen und finstere Grotten unter meterdicken Bögen, gewähren einen Blick auf das lichtscheue Eisinnere. Im aberwitzigen Winkel hängende Vorsprünge verlachen die Schwerkraft, Simse lehnen schwindelerregend über der Bucht, und haushohe Sockel, bedrohlich geneigt und scheinbar ohne jeden Halt, spucken unbekümmert Eissplitter hinab in die Tiefe. Mit tuckerndem Motor verharrt unser Zodiac in respektvollem Abstand. Tony behält die Hand am Gaszug. Im Wechsel blickt er auf die rumorende Gletscherwand und die Eislast der Bucht. Sobald sich seine ausgespähte Fluchtschneise zu schließen droht, manövriert er auf eine andere Position. »Wenn derartige Kaliber kalben, dann brauchen wir offenes Wasser vor dem Bug – viel offenes Wasser«, warnt er. »Etwa dreißig Sekunden nach ihrem Eintauchen verwandeln die Hunderte Tonnen schweren Brocken die See in einen Hexenkessel. Durch Wucht und Verdrängung ausgelöste Wellen können im engen Rund nicht auslaufen und rollen gegenläufig ineinander. Das treibende Eis wird dadurch zur brisanten Fracht: Blöcke und Plattformen haben nicht nur unterschiedlichste Ausmaße, auch Dichte und Gewicht variieren enorm, so daß sie sich nicht rhythmisch heben und senken, sondern unkontrollierbar zu mahlen beginnen. Das möchte ich nicht erleben; deshalb: Augen auf!«

Aber bei aller Unverfrorenheit, mit der der Suarez-Gletscher zum Wasser drängt, bleibt seine Front stabil, so daß wir ohne Zwischenfälle um 23 Uhr vor *Almirante Brown* festmachen. Die einzelnen Gebäude der argentinischen Station verteilen sich über ein schneebedecktes, schnell ansteigendes Kap. Spitz zulaufende Metallmasten recken sich zwischen roten Holzhütten empor. Von hier gehen die Daten, die in der meteorologischen Station gesammelt werden, auf die Reise. Früher per Funk, heute via Satellit. Am dunklen Holzanleger, der weit in die Paradise Bay reicht, begrüßt uns einer der argentinischen Wissenschaftler. Zwei weitere haben es sich im Inneren des rot gestrichenen Bootshauses gemütlich gemacht und ihr T-Shirt- und Aufnäher-Sortiment vor sich ausgebreitet. In der Ecke brodelt eine Kaffeemaschine, die problemlos eine ganze Kompanie versorgen könnte, Buttergebäck wartet in Blechdosen auf Verzehr, und der portable Ofen hat gemütlich eingeheizt. Neben dem Eingang hängen zwei Schneeschaufeln, deren eindrucksvolle Holzblätter den Anforderungen der Antarktis fraglos gerecht werden. Zur Station hinauf führt eine Treppe aus Bohlen und Brettern, die rechts und links von Schneebergen flankiert wird. Die Stufen selbst glänzen in nassem Grau und zeugen vom Einsatz des Räumgeräts. »Wir haben keine Mühen gescheut«, ruft einer der Forscher zu uns herüber, während er mit dampfendem Kaffeebecher im Türrahmen des Bootsschuppens lehnt. Auch die übrigen Unterkünfte und Verschläge sind durch freigeschippte Schneisen und festgetrampelte Schneepfade untereinander verbunden. Hoch über unseren Köpfen knattert die argentinische Flagge im Wind, zerbeulte Alukisten ruhen halb zugeschneit unter Schneewehen. Die Blütezeit der Station, in der das ganze Jahr über in der Paradise Bay Betriebsamkeit herrschte, ist lange vorüber, und heute ist sie nur noch während der kurzen Sommermonate besetzt.

Almirante Brown wurde Mitte der fünfziger Jahre errichtet, und 1957/58 avancierte sie sogar zur Basis des *Internationalen Geophysikalischen Jahres*. Zum dritten Mal trafen die Staaten der Welt zusammen, um gemeinsam zu forschen. Doch im Gegensatz zum *Ersten* und *Zweiten Internationalen Polarjahr* (1882/83 und 1932/33) lagen diesmal nicht ausschließlich Entdeckung oder Erforschung im Blickfeld. Neben dem Vorantreiben wissenschaftlicher Erkenntnisse sollte die Staatengemeinschaft vor allem zu abgestimmtem Vorgehen und Kooperation aufgerufen werden. Fast jede Nation errichtete seinerzeit Stationen, um auf eigene Faust in der Antarktis aktiv zu werden und daraus resultierende Gebietsansprüche zu markieren. Jahr für Jahr sprossen mehr Außenposten aus dem Boden, und Schäden an der Natur wurden genauso absehbar wie Störungen der einheimischen Tierwelt. Der Zusammenschluß zu internationalen Forscherteams sollte an die Stelle der Einzelstrategien treten, und tatsächlich entwickelte sich das *Internationale Geophysikalische Jahr* zum vollen Erfolg: 67 Länder beteiligten sich, und 1959, nur zwei Jahre darauf, entstand aus den gewonnenen Erfahrungen der *Antarktisvertrag*.

In seiner Präambel formulierten die zwölf Erstunterzeichnerstaaten unter anderem, *[...] daß es im Interesse der ganzen Menschheit liegt, die Antarktis für alle Zeiten ausschließlich für friedliche Ziele zu nutzen und nicht zum Schauplatz oder Gegenstand internationaler Zwietracht werden zu lassen[...].* Ein derartiges Vertragswerk aus der Taufe zu heben – inmitten des Spannungsklimas des kalten Krieges, erschwert durch sich teils überlappende Gebietsansprüche einzelner Staaten –, war geradezu unvorstellbar. Der gemeinsame Geist des *Internationalen Geophysikalischen Jahres* schweißte die Nationen zu ungewohnter Einigkeit zusammen, und die Artikel des *Antarktisvertrags* von 1959, die 1961 in Kraft traten, sind das bis heute verbindliche Regelwerk für die politische und juristische Organisation der Antarktis. Sie wurden in den Folgejahren durch diverse Zusatzvereinbarungen (1964 *Vereinbarung der Maßnahmen zur Erhaltung der antarktischen Flora und Fauna*, 1978 *Konvention zum Schutz der antarktischen Robben*, 1980 *Konvention zum Schutz des Meereslebens*) ergänzt und fanden ihren bisherigen Höhepunkt 1991 im sogenannten *Protokoll von Madrid*, das den Rohstoffabbau in der Antarktis bis zum Jahr 2041 untersagt.

Auf *Almirante Brown* kehrte nach 1957 wieder der Alltag ein. Forscher und Überwinterer standen nicht mehr im Zentrum der argentinischen Öffentlichkeit, die Gelder flossen knapper, und schließlich drohte die Basis in Vergessenheit zu geraten. Einer, den diese Entwicklung besonders hart traf, war der Stationsarzt von *Almirante Brown*. Eigentlich hätte er im Anschluß an sein abgeleistetes Jahr zurück nach Argentinien gesollt, doch Widrigkeiten verhinderten seine Abreise. Nach Ende des zweiten Dienstjahres wurde seine Bitte, in die Heimat zurückkehren zu dürfen, abgelehnt. Er wäre nicht zu ersetzen, hieß die Begründung, und der Doktor fügte sich. Die Order, noch ein weiteres Jahr auf *Almirante Brown* Dienst zu tun, entsetzte ihn zwölf Monate später, doch wurde er immerhin zum Kommandanten der Station befördert. Mittlerweile betreute er schon die vierte Überwinterungsmannschaft. Als nach sechs Jahren das heiß ersehnte Versorgungsschiff zum letzten Mal vor dem hereinbrechenden Winter aus der Paradise Bay lief, und zwar – aus Platzgründen – ohne den armen Mann an Bord genommen zu haben, erlag er dem Polarkoller. Noch während das Schiff die Bucht querte, zündete er das Hauptgebäude der Station an, daß es bis auf die Grundmauern niederbrannte. Nun war das Versorgungsschiff zur Umkehr gezwungen, und statt Material, Ausrüstung und Proben transportierte es die Männer von *Almirante Brown* zurück nach Argentinien. (Die ›frische‹ Mannschaft war darüber nicht gerade erfreut, aber sie stellte sich hinter ihren Arzt.) In Buenos Aires begab sich der völlig entnervte Mediziner für einige Zeit in ein Sanatorium, um nach seiner Genesung die Arbeit bei der *Dirección Nacional del Antártico* fortzusetzen, der er bis heute treu geblieben ist.

»Mag die Station in der Paradies-Bucht mit ihren fröhlich roten Hütten in spektakulärer Lage auch noch so schön sein, sechs Jahre möchte wohl keiner hier ausharren müssen«, geht es uns durch den Kopf, während wir einen Schneehang bergan stapfen. Nach unzähligen Fotos von Eis und Station wollen wir den späten Abend in Ruhe genießen. Ein Absatz im Hang, etwas oberhalb der argentinischen Basis, verwöhnt mit traumhafter Aussicht und Stille. Nur ab und zu schallt ein Rufen oder Lachen von unten hinauf, und auch das vertraute Gebrumm der Zodiacs, die entfernt zwischen Eisbergen kurven, erreicht uns nur selten. Meist verschlucken es launische Windböen, die unbeständig wehen. Weit draußen, umgeben von Treibeisschollen, liegt die *World Discoverer*. Immer, wenn sie mit dem Bug zur Station dreht, sendet ihr zuckendes Positionslicht einen fahlgrünlichen Gruß über das Wasser. Im Fotokoffer finden sich zwei Gläser, die rasch mit lockerem Schnee der Antarktischen Halbinsel gefüllt und durch Whisky veredelt werden. Dann ist auch schon Zeit zum Aufbruch.

Wasserstraßen im Nebel

Kurz nach Mitternacht sind alle Mann wieder an Bord. Einsetzender Schneefall und Temperaturen unter dem Gefrierpunkt haben die Decks rutschig werden lassen, so daß sich das Vertäuen der Zodiacs noch hinzieht. Vor dem Auslaufen werden wir noch eine heiße Dusche schaffen und hoffentlich irgendwo trockene Pullover aufstöbern. Die zahlreichen Anlandungen hinterlassen langsam Spuren. Es ist ein Uhr morgens, als hinter der Stahlflanke ein Kollern beginnt, das allmählich zum Krachen wächst. Küstenlinie und Eisberge setzen sich jenseits der Bullaugen in Bewegung, mit zitterndem Rumpf verläßt die *World Discoverer* die eisige Paradise Bay, und die Südfahrt geht weiter. Wir wechseln von der Kabine zum Außendeck. Nach wie vor ist es hell, die Hälfte der zweistündigen Nacht liegt bereits hinter uns. Und es ist lausig kalt. Der Fahrtwind beißt im Gesicht, die Luft ist ungemütlich feucht. Fast bis aufs Meer hängt die Wolkendecke, Seenebel zieht auf, und der Schnee dreht auf Ost. Hier bleiben wir nicht lange.

Auf der Brücke hat man die Ferngläser beiseite gelegt und das Radar auf kürzesten Peilradius eingestellt. Eine kleine Raute in Bildschirmmitte markiert unsere Position. Sie bildet den Fixpunkt für einen kreisenden Leuchtstrahl, der gleichmäßig über die dunkle Mattscheibe wandert. In seinem Gefolge hastet ein eng bemessener Winkel, in dem alles grün flimmert, was oberhalb der Wasserlinie liegt. Im Moment ist das eine schier undurchdringliche Barriere, auf die wir geradewegs zulaufen. Ehrfürchtig beobachten wir den Kapitän, der das zuckende Grün aus den Augenwinkeln liest, während er die milchige Nebelfront über dem Bug fixiert. »Alles, was man braucht, ist Erfahrung«, raunt er, »nur Erfahrung...« Mit langsamer Fahrt tastet sich die *World Discoverer* Kurs West durch die See, die als bleiernes Band zwischen Antarktischer Halbinsel und Anvers Island verläuft.

Eineinhalb Stunden nach unserer Abfahrt liegt die Ostküste von Anvers Island voraus, zumindest behauptet das der Radarschirm – sehen können wir außer hetzenden Nebelfetzen nichts. Die Fahrtrinne, in die wir bald einfädeln, ist gewunden und eng. Wenn sich das Wetter nicht schleunigst ändert, erscheint die Durchfahrt wenig sinnvoll, zumal sie nicht unproblematisch ist. Jetzt aber frischt der Wind erst einmal richtig auf, und die *World Discoverer* beginnt sanft zu rollen. Draußen wird es zusehends rauher: Schneegestöber peitscht horizontal über das Wasser, unwirsche Flocken wirbeln um die Aufbauten oder pappen trotzig an den Fenstern der Steuerbordflanke. Oberhalb der metallgefaßten Bugfenster scheucht ein Elektromotor vier Wischerblätter schrappend über das Glas. Mit hektischem Wedeln verteidigen sie den Halbkreis, der uns freie Sicht gewährt. Doch worauf sollen wir blicken? »Wind ist gar nicht so schlecht«, ermuntert der Rudergänger. »Gut möglich, daß er Nebel und Schnee vertreibt, und der Neumayer-Kanal hat sowieso sein ganz eigenes Wetter. Die Fallwinde blasen da recht ordentlich!«

Morgens um Viertel nach drei schieben wir uns in den 16 Seemeilen langen Kanal, der Anvers Island von den zum Palmer-Archipel gehörenden Inseln Wiencke Island und Dourmer Island trennt. Zumindest sind die Sockel der flankierenden Bergketten bis etwa fünfzig Meter Höhe enthüllt, und auch das Wasser im Neumayer-Kanal scheint noch zu schlafen. Topfeben und ruhig breitet es sich vor uns aus, kein Hauch mehr von Seegang! Der häßliche Schneesturm ist in ein friedliches Rieseln übergegangen, und wo immer die Fallwinde wirken mögen, wir werden nicht von ihnen behelligt. Verglichen mit der Überfahrt, können wir hoch zufrieden sein. Bevor wir in unserer Kabine verschwinden, drehen wir noch eine Runde über das Boat Deck. Bei jedem Schritt knirscht der frisch gefallene Schnee unter unseren Sohlen. Ist die Schicht auch nur dünn – sie reicht aus, um Spuren im morgendlichen Weiß zu hinterlassen.

John kennt kein Erbarmen. Um acht Uhr schreckt uns seine Stimme aus tiefem Schlaf. Schlechte Sicht und Schneeregen rechtfertigten keinesfalls ein Verpassen des Lemaire-Kanals, mahnt er durch den Bordlautsprecher. »Dabeisein ist alles, also raus aus den Federn.« Dann ist es in der Kabine wieder still. Beim Blick durch die Bullaugen offenbart sich die reinste Waschküche, was ein Liegenbleiben um so verlockender erscheinen läßt. Andererseits setzt rechts und links in den Nachbarkabinen Rumoren ein, Johns Weckruf zeigt also bereits Wirkung. Die Sorge, möglicherweise Sensationelles zu verpassen, und das schlechte Gewissen, als Faulpelz dazustehen, verbünden sich zur schlafraubenden Allianz. Also rappeln wir uns auf – vielleicht können wir ja doch etwas sehen! Doch so sehr wir auch beim Frühstück im Marco-Polo-Restaurant auf das schlierige Grau stieren, zunächst bleibt es undurchdringlich. Erst später an Deck gibt der Nebel zögerlich Teile des Panoramas frei. So können wir wenigstens erkennen, daß der Lemaire-Kanal, der sich über sieben Seemeilen entlang der Antarktischen Halbinsel windet, stellenweise nur wenige hundert Meter breit ist. Nahezu senkrecht schießen beiderseits der *World Discoverer* grauschwarze Bergschultern in den Himmel. Daß ihre Gipfel mehr als tausend Meter Höhe erreichen, müssen wir blind glauben.

Die Entdeckung der Seestraße ist eine dramatische Geschichte, die 1897 ihren Anfang nahm, als der belgische Südpolarforscher Adrien de Gerlache de Gomery in Richtung Antarktis aufbrach. In der Aprilausgabe von *Dr. A. Petermanns Mitteilungen aus Justus Perthes' Geographischer Anstalt* kann man den kritischen Kommentar zu de Gerlaches Plänen nachlesen:

Sichergestellt ist bisher nur das Unternehmen des belgischen Leutn. de Gerlache, welcher am 15. Juli von Antwerpen auf der

»Belgica« aussegeln will. Da de Gerlache eine Überwinterung nicht in sein Programm aufgenommen hat, so sind große Erwartungen an sein Unternehmen nicht zu stellen. Im ersten Sommer 1897/98 will er bei Graham-Land einen Vorstoß nach Süden machen, im folgenden im Victoria-Lande, und es ist zu wünschen, daß es ihm gelingt, die Grenzen des Unbekannten zu überschreiten.

Nach Umsegelung von Kap Hoorn und Durchquerung der Drake-Passage erreichte die *Belgica* am 20. Januar 1898 die Südshetlandinseln. Auf der Suche nach einem Seeweg zum Wedellmeer entdeckte die Expedition am 29. Januar in Höhe von Brabant Island eine Meerenge, die in keiner Karte eingezeichnet war. Zur Besatzung der *Belgica* gehörte nicht nur Frederick Albert Cook, der in Rio de Janeiro als Schiffsarzt zur Mannschaft gestoßen war (zehn Jahre darauf würden Robert Edwin Peary und er streiten, wer als erster den Nordpol bezwungen hatte), sondern auch Roald Amundsen, der als Zweiter Steuermann seinen Dienst tat. Der spätere *Eroberer des Südpols* beschreibt die Einfahrt in die Meerenge in seinem Tagebuch:

Als ich um Mitternacht an Deck kam, hatten wir schwachen Sturm, schweren, nassen Schnee und dichten Nebel. Der Wachhabende, den ich ablöste, meldete, daß das Schiff nach seiner Meinung weit von allem Land entfernt sei. Dennoch hielt ich scharf Ausschau nach vorn und leewärts. Eine halbe Stunde nach Mitternacht erblicke ich leewärts vom Bug einen dunklen Streifen, der sich nicht zu bewegen scheint. Mir bleibt nicht viel Zeit zur Entscheidung. Ich werfe die Ruderpinne leewärts; das Schiff dreht ab und läßt den dunklen Streifen achteraus. Es klart so weit auf, daß ich mich von dem, was ich gesehen zu haben meinte, überzeugen kann. Es war weites, hochgelegenes Land und nicht weit entfernt, dessen bin ich sicher. Ein wenig früher oder später wäre es unmöglich gewesen, in dem starken Schneetreiben und dem undurchdringlichen Nebel etwas zu erkennen.

Die Seestraße, der die *World Discoverer* während der letzten Tage folgte, war entdeckt. De Gerlache taufte sie auf den Namen seines Schiffs, später änderte man ihn aber zu Ehren des Expeditionsleiters in *Gerlache Strait*. Die *Belgica* erforschte die Gewässer drei Wochen lang, und die Mannschaft unternahm mehrere Schlitten- und Ski-Exkursionen auf der Antarktischen Halbinsel. Am südlichen Ausgang der Wasserstraße traf die Expedition dann auf einen Kanal, den de Gerlache nach seinem Landsmann, dem Afrikaforscher Lemaire, benannte. Ende Februar geriet die *Belgica* in einen dreitägigen Nordoststurm, der sie weit nach Süden ins noch offene Packeis driften ließ. Am 10. März 1898 fror sie in der Bellingshausen-See, südwestlich der Antarktischen Halbinsel, auf 71° 31' Süd und 85° 16' West ein. Die erste Überwinterung in der Antarktis begann.

Neun Monate mußten die Männer ausharren, bis sie ihre Lage ändern konnten. Cook hatte während dieser Zeit beobachtet, daß ungefähr eine Meile von der *Belgica* entfernt eine Wasserrinne zwischen dem Packeis lag, die den ganzen Winter über offenes Wasser geführt hatte. Er schlug vor, bis dorthin einen Graben durch das Eis zu sägen und zu sprengen. Die Operation war entbehrungsreich und von Rückschlägen geprägt, aber sie verlief erfolgreich. Über ein Jahr nach dem Einfrieren – schon zu Beginn des nächsten Winters – kam das Schiff am 14. März 1899 frei. Ein letztes Mal wehrte sich das Eis. Amundsen schreibt:

Wir kommen nicht weiter voran, wir sind unrettbar verloren.[...] Der Maschinist kommt an Deck. Er sieht die Lage mit eigenen Augen. Wir brauchen ihn nicht aufzufordern, mehr Dampf zu geben. Im Nu ist er wieder unter Deck, und die Maschine arbeitet, wie sie nie gearbeitet hat und nie wieder arbeiten wird. Wir kämpfen uns vorwärts, Zoll für Zoll, Fuß für Fuß, Meter für Meter. Wir sind gerettet. Im kritischen Augenblick hat das Eis nachgegeben. So endet die erste Überwinterung in der Antarktis. Am 27. März 1899 lief die *Belgica* wieder im Hafen von Punta Arenas ein.

Es stimmt versöhnlich, daß auch der belgischen Expedition zumeist Ausblicke auf die grandiose Szenerie vom Nebel verwehrt wurden, passieren wir die Wasserstraße doch bei geradezu klassischem Entdeckerwetter! Ausgangs des Lemaire-Kanals, unweit der Küste von Grahamland und knapp eineinhalb Seemeilen südwestlich von Hovgaard Island und Wilhelm Archipelago, liegt die letzte Station unserer Antarktisreise. Noch einmal röhren die Zodiacs durch strömenden Schneeregen, rhythmisch klatschen die luftgefüllten Kiele gegen die kabbelige Dünung, daß Spritzwasserfontänen über das Schlauchboot gischten. Die Wetterkleidung, nach dem gestrigen Tagesprogramm nur lieblos getrocknet und noch klamm, ist im Nu naß. Fröstelnd rauschen wir Petermann Island entgegen.

Von der Anlandestelle dehnt sich im sanften Schwung ein wenig geneigtes Granitfeld aus. Die einzelnen Blöcke, flach und glatt geschliffen, schmiegen sich Schulter an Schulter. Sie wirken harmonisch, so als wären sie urplötzlich, mitten im Fluß erstarrt. Auf der Kuppe des Plateaus steht eine verlassene argentinische Hütte. Wann und warum sie aufgegeben wurde, ist unbekannt, aber der Rückzug muß von langer Hand vorbereitet gewesen sein. Sorgfältig wurden schmutzigbraune Spanplatten vor Lüftungsschlitze und Scheiben genagelt, Felsbrocken beschweren das mit Teerbahnen verkleidete Dach, und aufgestapelte Steinwälle hindern die Türen am Aufspringen. Im Schutz von Vorsprüngen und entlang der mattgrauen Wände haben sich Eselspinguine eingenistet. Bei ihren Gängen zum Meer geben sie eindeutig dem benachbarten Schneefeld den Vorzug, verrät eine grünlichbraune Spur, die quer hinüberführt. Besser, als aufwendig Granitfelsen zu umkurven, läßt sich in ausgetretenen Pfaden wandern oder bäuchlings die Expreßroute hinunterrodeln!

Etwas entfernt, oberhalb der Küste, ragt aus einem Steinhaufen ein trauriges Holzkreuz. Es erinnert an zwei britische Forscher, die auf Petermann Island gezeltet hatten. Nach Abschluß ihrer Arbeit verliefen sich die Männer, als sie den Weg zurück zu ihrer Station in Faraday suchten. Es wird angenommen, daß sie in dichten Nebel gerieten und im brüchigen See-Eis ertranken. Im weiteren Verlauf unserer Wanderung zum hinter der Hütte gelegenen Hügel treffen wir auf eine Holztafel. Sie besagt, daß hier ursprünglich ein Denkmal des Entdeckers Jean Charcot stand, das jedoch auf Anweisung des französischen Außenministers zurück nach Frankreich expediert wurde. Vermutlich steht es jetzt blumenumpflanzt in der Mitte irgendeines Pariser Kreisverkehrs.

Jean Charcot bereiste die Antarktis mehrfach: 1904 erhielt er erstmalig von der französischen Admiralität den Auftrag, die Westküste von Grahamland zu erforschen. Er segelte entlang der Südshetlandinseln, durch die Gerlache Strait und in den Neumayer-Kanal. Nach etwa zwei Dritteln des Kanals entdeckte Charcot auf Wiencke Island einen geschützten Naturhafen, den er Port Lockroy taufte. Hier bezog die Mannschaft Quartier und begann, Küstenlinie und umliegende Gewässer zu kartographieren. Den Winter verbrachte die Expedition vor der Westküste von Grahamland, um im Sommer 1905 weiter nach Süden vorzustoßen. Mächtige Packeisgürtel und rasende Stürme zwangen aber schon auf 67° 30' südlicher Breite zur Umkehr.

Wieder in Frankreich angekommen, gab Charcot umgehend die Konstruktion eines polartauglichen Schiffs in Auftrag. Es war die *Pourquoi Pas?*, mit der er von 1907 bis 1910 zu einer weiteren ausgiebigen Antarktisfahrt aussegelte. Erneut war Grahamland sein Ziel, die Erforschung der Antarktischen Halbinsel ließ ihn nicht zur Ruhe kommen. Nachdem die Männer 1908 wiederum vor Grahamland und 1909 auf Petermann Island überwintert hatten, schlossen sie die überaus erfolgreiche Expedition nach den Sommermonaten ab. 1910 erreichte die *Pourquoi Pas?* wohlbehalten Frankreich.

Als die *World Discoverer* nach Mittag die Südspitze von Petermann Island passiert, wirft das Satellitennavigationsgerät 65° 12' 30" Süd und 64° 11' 20" West als *Point of Return* aus. Der Wendepunkt ist überschritten. Von nun an geht es nur noch Richtung Norden.

Wellentäler und Turbulenzen

55 Stunden bis Feuerland

678 Seemeilen, über tausend Kilometer allein in der Drake-Passage, liegen vor uns, und die Wetterprognose des Kapitäns sieht alles andere als freundlich aus. »Das hier ist der letzte Bericht, der uns heute morgen um sechs Uhr zugefaxt wurde«, sagt er und deutet auf ein DIN-A4-Blatt, das mit Klebstreifen oberhalb des Kartentischs befestigt ist. Rechts und links entlang der Ränder sind Zahlen- und Kürzelreihen aufgelistet, die Auskunft über Luftdruck, Strömung, Windstärken und Driftgeschwindigkeit geben; in Bildmitte präsentiert sich unser Fahrtgebiet als grobkörnige Skizze einer Satellitenaufnahme. Geschwungene Kurven, auf und ab zuckende Bögen, sich zuspitzende Keile und energische Spiralen, die allesamt über den Kartenausschnitt herfallen, unterlegen wirkungsvoll die hinter der Datensammlung verborgene Dynamik.

»Da braut sich ein feines Tiefdruckgebiet zusammen«, erklärt Kapitän Zander, während er mit dem Finger zwei besonders markante Linien nachzeichnet. »Und diesmal werden wir wohl geradewegs hineinlaufen!« Dann blickt er auf den Radarschirm, um dem Rudergänger einen neuen Kurs anzusagen. Als er zum Kartentisch zurückkehrt, fixieren wir das aushängende Dokument meteorologischer Widrigkeiten so furchtlos wie möglich. »Das Problem liegt darin, daß die Aufnahme gut 24 Stunden alt ist. Aufgrund des geringen Seeverkehrs in diesen Breiten wird nur einmal am Tag ein Bericht vorbereitet und nach Bearbeitung an die Schiffe übermittelt. So wissen wir zwar immer ganz genau, wie das Wetter tags zuvor war, aber wie es heute oder gar morgen sein wird, müssen wir zwischen den Zeilen lesen.« »Erfahrung…«, werfen wir ein, und der Kapitän nickt zufrieden. »Genau. Seht her: ›Unser‹ Tiefdruckgebiet war gestern noch frisch und im Aufbau, mittlerweile dürfte es sich aber etabliert, wenn nicht sogar ausgebreitet haben. Ich werde mal gleich eine Durchsage an die Passagiere machen, daß sie sich auf eine rauhe Überfahrt einzustellen haben.«

Bevor wir in den recht gleichmäßig schwankenden Kojen den verpaßten Schlaf der vergangenen Nacht aufarbeiten, rüsten wir uns gegen potentielle Anfälle von Seekrankheit. Mit einem Membranpflaster, das gleichermaßen für amerikanische Tieffliegerpiloten wie für NASA-Astronauten entwickelt wurde, fühlen wir uns auf der sicheren Seite. Die Packungsbeilage preist das Präparat als Wirkstoff pflanzlichen Ursprungs, der, einmal hinters Ohr geklebt, die Überempfindlichkeit des Gleichgewichtsorgans im Innenohr für 72 Stunden herabsetzt. Darüber hinaus versichert die Beilage, daß der Benutzer des Produkts nicht gleich nach Anwendung todmüde eindämmert (ein wirklich unangenehmer Nebeneffekt anderer Pillen und Mittel), sondern topfit den Unbilden sämtlicher Transportmittel trotzt. Daß wir dennoch wenig später tief und fest schlafen, ist das Resultat der nächtlichen Nebelfahrt. Ein glückliches Resultat, denn das Pflaster braucht erst einmal fünf Stunden Vorlaufzeit, bis eine Wirkung einsetzt.

Am Abend ist der Himmel nach wie vor bedeckt, der Schneefall läßt etwas nach, und der Wind pfeift mit sechs Beaufort aus Nord. Rollend und stampfend pflügt die *World Discoverer* durch die eisige See, noch lange nicht haben wir uns an ihren Rhythmus gewöhnt. Die Köche hatten eigentlich zum Barbecue auf dem Sonnendeck hinter der Lido Lounge geladen, doch die Witterung machte einen Strich durch das Grillfest. Statt dessen wird draußen nur ein Glühwein genommen, während Rippchen, Spieße und Nackensteaks im Marco-Polo-Restaurant auf Verzehr warten. Vielleicht liegt es am Seegang, vielleicht daran, daß Grillen nun einmal ein Freiluftvergnügen ist, der Andrang jedenfalls hält sich in Grenzen, und die Küche kann sparen.

Nach dem Essen schauen wir bei Joe in der Discoverer Lounge vorbei und ordern ein Bier. »Oha, oha, das würde ich mir überlegen«, warnt er. »Hütet euch bei hoher See vor zuviel Flüssigkeit. Trinkt lieber einen Avocadoschnaps, der ist gut für den Magen«. Dann greift er zu einer Flasche mit spanischem Aufdruck und grellgrünem Inhalt, der träge in zwei dickwandige Gläser fließt. »Rein optisch macht der aber ganz und gar nicht den Eindruck, als würde er irgendwen oder irgend etwas beruhigen«, geben wir zu bedenken, aber Joe winkt nur ab. »Hab' ich euch jemals enttäuscht?« Nein, das hat er wirklich nicht, und so versuchen wir den *Cynar*. Der Kräutertrunk fährt wohlig durch die Glieder, um sich angenehm im Magen auszubreiten. »Der wirkt wie Öl auf den Wogen, nicht wahr?« strahlt Joe und beginnt, sich umfassend nach unserem Befinden zu erkunden. Als wir einräumen, daß uns weniger die Seekrankheit plagt als vielmehr ein kodderiger Allgemeinzustand, nickt er. »Das ist am Anfang völlig normal, das legt sich bestimmt. Allerdings – es ist noch ein ordentlicher Streifen bis Ushuaia; wollt ihr noch einen *Cynar*?«

Die Nacht ist unruhig. Ohne zu verschnaufen, ist der Schiffsleib in Bewegung. Sein Heben und Senken schaukelt uns in wirre Träume, während gleich nebenan die donnernde See gegen die Stahlflanke bricht. Ziemlich zerschlagen, aber dafür frei von Übelkeit, rappeln wir uns morgens um zehn Uhr auf. In aufreizend gleichen Abständen wechselt jenseits der Bullaugen die Aussicht: Liegt die *World Discoverer* steuerbordlastig, glänzt hinter dem nassen Glas die endlose Weite des Morgenhimmels, rollt sie nach backbord, rasen wir auf das schäumende Graublau des Meeres zu. Dazwischen zuckt der meist schiefe Horizont durch das Panorama.

»Das sonnige Wetter hat eben auch seine Kehrseite«, erklärt John, den wir am Heck des Boat Deck treffen. »So kann der Sturm in vollen Zügen über das Meer fegen. Läge dagegen schwerer Seenebel auf dem Wasser, würde der Wind abnehmen und die Dünung ruhiger werden. Zumeist geht diese einfache Gleichung auf.« »Und wenn einmal nicht?« fragen wir nach. »Dann wird es allerdings richtig unangenehm. Aber heute paßt doch alles zusammen. Genießt die freie Sicht und macht euch einen faulen Tag! Ich muß jetzt zur Besprechung auf die Brücke«, verabschiedet er sich und stapft so trittsicher davon, als wäre das Deck in Beton eingegossen. John hat gut lachen – von wegen ein fauler Tag! Diverse Vorträge stehen auf dem Programm, und wir hinken sowieso hinterher. Die Diavorführung von Don Janes zum Thema *Das Leben der Adéliepinguine* haben wir glatt verschlafen. Also lassen wir uns wenigstens den Bericht von Christian

Walther *14 Monate im ewigen Eis – Überwinterung auf der deutschen Polarforschungsstation in der Antarktis* nicht entgehen und schaffen vor dem Essen sogar noch *Kontinentaldrift und Plattentektonik* von Walt Venum.

Den Gang ins Marco-Polo-Restaurant erspart sich etwa ein Drittel der Passagiere, und schon bei den Vorträgen blieben einige Plätze unbesetzt. Der Seegang hat also zugeschlagen und erste Opfer gefordert; daß es aber gleich so viele sein würden, hätten wir nicht gedacht. Mit hektischem Griff wird der Sitz der Pflaster kontrolliert, die bisher so trefflich die sensiblen Innenohrorgane überrumpelt haben. Zum Glück ist nichts verrutscht, und auch die befürchteten Nebenwirkungen, zu deren Beobachtung der Beipackzettel energisch aufrief, sind ausgeblieben: keine Hautrötungen, keine Pusteln und keine Pupillenerweiterung – noch nicht einmal einseitige! Dennoch empfiehlt sich am Buffet etwas Leichtes, zumal selbst die weißen Tischtücher auf Seegang deuten. Die Restaurantcrew hat sie angefeuchtet; klamm haften sie besser auf den glatten Holzoberflächen, und Gläser wie Geschirr werden vor unbeabsichtigtem Abräumen bewahrt. Schließlich landen wir bei Hähnchenbrustfilet, gedünstetem Brokkoli und körnigem Reis; reelle Chancen, um auch weiterhin unter den ›Aufrechten‹ zu bleiben.

Bis zum nächsten Referat dauert es gut eineinhalb Stunden, und wir machen uns auf, einen geeigneten Platz zum Ausspannen auszuloten. Erst hoch oben auf dem Observation Deck werden wird fündig. Der stählerne Rücken des Schornsteins gewährt Windschatten, die Sonne wärmt angenehm das Gesicht, und das sonor ausgestoßene Maschinengebrabbel erleben wir in der bewegten Szenerie als schier unerschütterliche Konstante. Es ist wohl die frische Seeluft, die uns nach einiger Zeit sogar Gefallen am Schlingerkurs der *World Discoverer* finden läßt. Beim Schwanken verführt der stattliche Schwerpunkt die Aufbauten zu dramatischen Ausholbewegungen, mit denen wir von rechts nach links und zurück wuchten. In das Aufbäumen von Bug und Heck werden wir weit weniger integriert, denn unser Posten liegt annähernd mittig der wippenden Längsachse. Ungleich spektakulärer dagegen ist die optische Wirkung: Steigt der Bug mit der Dünung, schießt das Heck samt Reling und flatternder Fahne hinab zur See. Erst kurz vor Erreichen jedes einzelnen Wellenkamms tauscht das gut eingespielte Team in sekundenlangem Übergang die Rollen. Jetzt ist es der Bug, der grimmig auf das wogende Tal zustößt, während es heckwärts gen Himmel geht. Und wenn die Front schließlich mit gewaltigen Brechern der Bugwelle eintaucht, ragt das Heck schon längst über den Horizont. Dann beginnt das Spiel von neuem.

»Wind sechs bis sieben aus Nordwest, Tendenz steigend«, ruft Bernd herüber. Der Völkerkundler ist auf dem Weg zur Lecture Hall, die sich gleich hinter dem Schornstein anschließt. Wir folgen ihm in den abgedunkelten Raum, denn seinen Vortrag *Die Entdeckungsgeschichte der Antarktis* wollen wir keinesfalls versäumen. Bernd versteht es, Namen, Daten und Ziele so virtuos zu verknüpfen, daß die Geschehnisse sich bald äußerst lebendig im dämmrigen Vortragsraum ausbreiten. Genüßlich folgen wir seinen schaurigen Erzählungen. Und während die *World Discoverer* mit voller Kraft nordwärts drängt, werden wir tief in den Bann der heroischen Südfahrten gezogen.

Die Realität empfängt uns grell, und wir müssen blinzeln, als wir um fünf Uhr nachmittags wieder auf das Außendeck treten. Vom wolkenlosen Himmel flutet die Sonne ungehindert über die See. Jetzt bleckt der Südpazifik seine Zähne: Schaumkronen reiten ungeduldig auf heranrollenden Wogen, Wellenkämme gleißen im Gegenlicht, und gewaltige Brecher formieren sich zum Flankenlauf. Die *World Discoverer* bricht donnernd durch die rauhe Dünung, daß die Bugwelle meterhoch aufsteigt. Nur kurz funkeln Regenbogen in den davonstiebenden Gischtfontänen, dann reißen Sturmböen die sprühenden Nebel in alle Winde. Mit salzig schmeckenden Gesichtern marschieren wir zur Kabine und bekommen einen Schock: Unser Zuhause ist kohlrabenschwarz! Beide Bullaugen sind durch tresorgleiche Stahlklappen verschlossen, faustgroße Flügelschrauben pressen die Sturmsicherungen von innen gegen das Glas und schaffen totale Finsternis. Noch unangenehmer als diese trostlose Lage sind jedoch die Umstände, die sie hervorriefen. Wir erwarten schwere See; nichts anderes heißt es, wenn der Kapitän das Verschließen der Bullaugen anordnet. Und wir haben noch nicht einmal die Hälfte der Strecke nach Ushuaia hinter uns!

Keinesfalls wollen wir hier unten bleiben, schnell verwerfen wir den geplanten Nachmittagsschlaf und flüchten mutlos zu Joe. »Was ist denn mit euch los?« möchte er wissen. Als wir berichten, nickt er. »Backbordkabine?« »Ja, 211, am Ende des Bugs.« »Das ist bei Nordweststurm natürlich ganz übel, gegenüber hättet ihr wahrscheinlich noch freie Sicht. Habe ich euch eigentlich jemals von den gefürchteten Kap-Hoorn-Sturzwellen erzählt?...«

Nach dem Abendessen verschärft sich die Lage. Alle Türen zu den Außendecks sind verriegelt, den Aufgang zum Krähennest sperrt ein Seil, und die Brücke bittet, von Besuchen abzusehen. An der Rezeption hängt der aktuelle Wetterstand aus: »15. Dezember, 21 Uhr. Position: at sea. Distanz: 340 sm. Wetter/Wind: wolkig/NW 8 Bft. See: sehr grob. Bemerkungen: unterwegs nach Ushuaia.« Wir ziehen uns in die Lido Lounge zurück, wollen ein paar Notizen machen und die restliche Post erledigen, doch der Seegang belehrt uns eines Besseren. Irgend etwas starr zu fixieren (außer den Horizont) oder gar am Tisch zu schreiben, während man dynamisch auf und ab schwingt, ist so ziemlich das Dümmste, was ein Nichtseemann machen kann. Der Körper gibt deutlich zu verstehen, daß er keinesfalls gewillt ist, den Konflikt zwischen konzentrierter Innen- und lebhafter Außenwelt zu schlichten. Und die Signale, die der bisher so tapfere Magen sendet, nehmen wir sehr ernst – augenblicklich schließen wir die Mappen.

Da wir die Pflichten nicht weiter verfolgen können, uns aber schon der Gedanke an die düstere Kabine schaudern läßt, sind wir auf die verbliebenen Gesellschaftsräume angewiesen: Außer uns ist die Lido Lounge leer, für Joe ist es noch zu früh, und für den Blick aus der Observation Lounge auf den stürzenden Bug sind wir nicht fit genug. Also torkeln wir in die Lecture Hall und sehen *Icebound in the Antarctic*, einen Dokumentarfilm über die Expeditionen von Sir Ernest Shackleton. 105 Minuten Ablenkung sind uns sicher.

Obwohl die Discoverer Lounge vier Decks über der Wasserlinie liegt, prescht die Bugwelle jenseits der Fenster empor. Sturmstöße treiben die Schaumkämme der Brecher gegen unsere Backbordflanke, daß sie schwer an die Scheiben klatschen und in Sturzbächen hinunterlaufen. Überall hinter dem dunklen Glas hetzen Salznebel, und klebrig nasse Gischt wirbelt um die Aufbauten. Um Mitternacht wurde der Wetteraushang aktualisiert: Neun Windstärken auf der Beaufortskala, Starkwind, der seine Scherze mit Acht-Meter-Wellen treibt! Selbst das Sitzen im verschraubten Barsessel verlangt volle Aufmerksamkeit. Mit festem Griff im Handlauf gesichert, das Glas in der anderen Hand umklammert – da bleibt wenig Spielraum für große Gesten. Allein Joe hantiert, als sei topfebene See. Langjährige Routine auf allen sieben Meeren hat ihn mit stoischer Standfestigkeit ausgerüstet. »Dafür schwanke ich, sobald ich an Land gehe«, lacht er, während er Pappstreifen zwischen die klirrenden Flaschen steckt. Als er um ein Uhr morgens die Bar schließt, sind Gläser und Spirituosen in einem weichen Kokon aus Kartonage und unzähligen Küchenrollen geborgen. »Das hält«, nickt er zufrieden und rastet das Rollgitter im Tresen ein. »Der Hotelmanager haßt Bruch – und ich hasse Aufwischen!«

Schon auf dem Weg hinunter in unsere Kabine herrscht ohrenbetäubender Lärm. Draußen tobt ein Inferno, das so gar nichts mehr gemein hat mit dem Heulen und Rumoren der letzten Nacht. Wie riesige Hämmer dreschen die Wellen gegen den Stahl, wenn der Bug Wasser holt. Wir rasen durch Neptuns Schmiede! Mit Stöhnen quält sich der Rumpf durch die Dünung, ächzend arbeitet das Material. Quietschend und zitternd wird es gedehnt und gestaucht, gestoßen und fallen gelassen, rechts-links, links-rechts, auf und ab, ohne Pause. Wir bekommen Angst. Wird nichts brechen? Werden die Nieten halten? Es ist so schrecklich laut. Unter martialischem Rucken bebt für Sekunden das ganze Schiff, wenn die Schraube aus der See gerissen wird. Dann dreht sie voller Zorn leer, während ihre gewaltigen Antriebswellen in den Lagern schlagen. Hätten wir nur ein Fenster, dann könnten wir vielleicht etwas sehen, wären zumindest besser vorbereitet auf die nächste Attacke. Dunkelheit und Lärm zermürben, das Licht im Bad ist nur ein schlechter Ersatz, alles schwankt, alles dröhnt. Naßgeschwitzt dämmern wir erst am frühen Morgen ein.

Bereits kurz nach sieben Uhr verlassen wir unsere gruselige Herberge, um in der Lido Lounge ein karges Frühstück zu nehmen. Noch immer herrscht schwere See in der Drake-Passage, aber das Schlimmste scheint hinter uns zu liegen. »Windstärke sieben aus Westnordwest«, meldet der Aushang, die Außentüren lassen sich wieder öffnen, und auch Krähennest und Brücke wurden freigegeben. »Na, wie war die Nacht?« erkundigt sich Jan Baz, der Zweite Offizier, und wir rollen mit den Augen. »Rauher geht es hier unten während der Sommermonate aber auch wirklich nur sehr selten zu. Sturmstärken zehn bis zwölf toben eigentlich ausschließlich im Winter«, räumt er fast entschuldigend ein. »Das macht überhaupt nichts«, winken wir ab und folgen ihm zum Kartentisch. »Gegen 18 Uhr werden wir wohl den Beagle-Kanal erreichen.« Jan Baz zirkelt auf der Seekarte und verschiebt die beiden Winkelmesser, bevor er den angepeilten Kurs mit Bleistift verlängert. Ein ordentliches Stück Drake-Passage ist bereits abgearbeitet. »Vorhin hat uns die chilenische Wetterstation ihre aktuellen Daten von Kap Hoorn gefunkt. Die haben einen feinen Sommermorgen mit 19 Grad und nur leicht bewegter See. Das sind doch Aussichten!«

Bevor die Lektoren mit aller Energie weiter an unseren Antarktiskenntnissen feilen, steht eine unangenehme Pflicht an. »Zahlmeisterin Britta und Boutique-Managerin Kirsten erwarten Sie zwischen acht und neun Uhr an der Rezeption zur Schiffsabrechnung«, mahnt das Tagesprogramm und ermuntert, den Kontenausgleich per Kreditkarte, Travellerschecks oder Dollarnoten vorzunehmen. Vorbei die seligen Zeiten, in denen alle Ausgaben mittels Unterschrift und Kabinennummer getätigt wurden – ab jetzt gilt Barzahlung. Von zehn bis elf Uhr lassen wir uns von Herbert und Bernd in die *antarktische Tierwelt* entführen, anschließend schauen wir neugierig beim *Serviettenfalten mit Sophie und Sylvia im Marco-Polo-Restaurant* vorbei, bis das deutschsprachige Briefing ab halb zwölf Uhr über die Modalitäten der Ausschiffung informiert.

In der Mittagspause empfiehlt die Karte »heißes Roastbeef mit geschmorten Zwiebeln auf frischen Brötchen«, daran anschließend begeben wir uns umgehend in geophysikalische und geologische Hände. *Expedition ins Innere der Antarktis – Bericht über eine der größten deutschen Inlandpolarexpeditionen* von Christian Walther und *Geologische Feldversuche im Innern Antarktikas* von Walt Venum runden den Nachmittag ab. *Year of the Whale* von Patty Hostiuck schwänzen wir, da unsere Bullaugen endlich von den Stahlklappen befreit sind.

Seit dem Mittag wird es Stunde für Stunde ruhiger, die Dünung ebbt allmählich ab, und schließlich läuft sie in freundlich gestimmtem Wippen aus. Das war sie also, die gefürchtete Drake-Passage – ihrem Ruf hat sie alle Ehre gemacht. Die rasante Durchquerung wird uns als einmaliges Erlebnis in Erinnerung bleiben, auch wenn wir jetzt heilfroh sind, daß sie hinter uns liegt. Vorwitzige Felsspitzen und winzige Eilande kündigen bald Südamerika an, und wie geplant nehmen wir um sechs Uhr abends Einfahrt in den Beagle-Kanal. Es wird Zeit, sich ein letztes Mal in Schale zu werfen – ungewohnt nach dem Höllenritt der vergangenen Tage, wo man so vieles im Kopf hatte, seine Kleidung jedoch sicherlich nicht. Aber heute wird gefeiert. Der Kapitän hat zum Abschiedsfest geladen, alle Mann sind wieder wohlauf. Auch Drakes Opfer streunen vergnügt über die Außendecks und lassen sich die angenehme Brise um die Nasen streichen. Hinunter mit den Pflastern, denen wir zu tiefem Dank verpflichtet sind! Kein *Cynar* am Abend, kein Wetteraushanggucken und keine Sturzseen! Kapitän Zander eröffnet den Champagner-Umtrunk. Dann ein Farewell-Schlemmer-Dinner im Marco-Polo-Restaurant und später ausgelassene Stimmung in der Discoverer Lounge bis weit nach Mitternacht.

El Fin del Mundo

Morgens um sechs Uhr reißt uns das 400 PS starke Bugstrahlruder aus dem Schlaf. Unter vehementem Getöse verrichtet es offensichtlich unmittelbar neben unseren Kojen seine Arbeit. Der Rumpf reagiert mit Zittern und Vibrieren auf das seitliche Schieben, nur unwillig gibt er nach. Erst als wir längsseits der Pier von Ushuaia festmachen, wird es wieder still.

Zwei Stunden später ist es dann Zeit für den Abschied; Abschied, der schwerfällt. Unternehmungslustig glänzt der königsblaue Rumpf unseres Schiffs in der Morgensonne. *WORLD DISCOVERER*, ein letzter Blick auf den Schriftzug am Bug, blaue Lettern auf weißem Grund, flankiert von zwei goldenen Streifen. Mit armdicken Schläuchen und hartem Wasserstrahl hält die Crew auf die Scheiben. Das Salz unserer Fahrt wird davongespritzt. Bis auf Bernd, Herbert und Geophysiker Christian bleiben alle Lektoren an Bord. Noch heute nacht werden sie auslaufen, direkt Richtung Drake-Passage, Kurs Antarktis. Die neuen Passagiere scheinen Glück zu haben. Wie es aussieht, wird sich die *World Discoverer* zwischen zwei Tiefdruckgebieten durch die Seestraße mogeln…

»Bienvenidos a la ciudad más austral del mundo, pasajeros del Discoverer«, begrüßt uns am Ende der Pier eine riesige Holztafel der Verwaltung *Provincia de Tierra del Fuego – Antártida Islas del Atlántico Sur*. Darunter stellen viersprachige Übersetzungen sicher, daß jedermann das Willkommen versteht und in Erinnerung behält, daß die südlichste Stadt der Welt in Argentinien zu finden ist – und keinesfalls jenseits des Wassers – beim Erzfeind Chile. Samstagmorgens, halb neun Uhr, das ist entschieden zu früh für die Stadt am Ende der Welt. Ushuaia schläft noch.

Von der gleichnamigen Bucht laufen wir ein Stück bergan Richtung Zentrum. Bunte Holzhäuser mit Wellblechdächern, windschiefe Holzbaracken und zweigeschossige Flachdachbauten mit Elektro- und Photogeschäften prägen den Außenposten, der etwa 25 000 Einwohner zählt. Touristen sind gerngesehene Gäste. Eine Vielzahl von Hotels mit betörenden Namen wie *Albatros*, *Antártida* oder *Cabo de Hornos* laden ein, einige Tage zu verweilen; Restaurants und Tavernen von *Canal Beagle*, *Los Gringos* bis zu *Tante Elvira* bieten grundsätzlich ein breites Verköstigungsangebot – aber bitte erst zu späterer Stunde. Ushuaia, malerisch in einer windgeschützten Senke am Beagle-Kanal gelegen, im Norden von der Andenkette Cerro Martial flankiert, zum Süden mit Blick auf die chilenischen Inseln Navarino und Hoste gesegnet, verfügt über ein überraschend widersprüchliches Straßennetz. In der Stadtmitte ist es rechtwinklig mit parallel zum Beagle-Kanal angelegten langen *avenidas*, die stufenweise am Hang verlaufen. Die Querstraßen, die die Sprünge überbrükken müssen, erledigen ihre Aufgabe mit gewaltigen Anstiegen. Im Winter, wenn über ein Vierteljahr lang meterhoher Schnee die Stadt vermummt, dürften sie fahrtechnisch eine echte Herausforderung sein. Außerhalb des Zentrums mäandriert das Wegenetz hingegen dorthin, wo es gerade günstig erscheint. Es folgt den Bedürfnissen der steuerbegünstigten Industrieansiedlungen und der dadurch angelockten Zuwanderer, die sich mit einer Spontaneität niederlassen, wie es wohl das Leben am Ende der Welt so mit sich bringt. Den Osten der Stadt dominiert der großangelegte Marinestützpunkt, zu dem auch das berüchtigte Schwerverbrechergefängnis *Presidio* zählt.

Ende des 19. Jahrhunderts wurde der martialische Gebäudekomplex im Rahmen eines Siedlungsprojekts beschlossen. Da sich freiwillig nur wenige am rauhen Südzipfel Argentiniens niederlassen wollten, was die Zugehörigkeit zum langen Arm Buenos Aires' nicht gerade überzeugend demonstrierte, half die Regierung nach, indem sie den Bau einer Strafkolonie anordnete. Mehr als dreihundert Gefangene wurden in *die Bucht, die das Land bis zum Westen durchdringt* (so Ushuaia übersetzt aus der Sprache der Yamaná-Indianer), expediert, wo sie zunächst einmal ihr Gefängnis selbst bauen mußten – vermutlich eine äußerst demoralisierende Beschäftigung. Wie erhofft, folgten nach und nach Beamte, Handwerker, Händler und weitere Soldaten, so daß die Siedlung stetig wuchs. Auch die wenigen Gefangenen, die ihre Strafzeit unter den katastrophalen Haftbedingungen überlebt hatten, blieben ihrer neuen Heimat treu und wurden in Ushuaia seßhaft. Als 1946 das Gefängnis auf Druck der Öffentlichkeit geschlossen werden mußte (zu viele Gefangene waren Kälte und unzureichender Versorgung erlegen), schlief die Siedlung ein. Heute setzt sich ungefähr die Hälfte der Einwohnerzahl aus Soldaten des Marinestützpunktes und ihren Familien zusammen; die übrige Bevölkerung arbeitet in Verwaltung, Holzverarbeitung, Krabbenfischerei, elektronischen Fertigungsbetrieben und zunehmend im Tourismus. Zudem wird derzeit ein neuer Flughafen gebaut, ein Projekt allernotwendigster Dringlichkeit, wie wir wenige Stunden später feststellen müssen.

Wir machen noch einen Abstecher zum *Parque Nacional Tierra del Fuego*, dessen Eingang gut zehn Kilometer westlich von Ushuaia liegt. Der Nationalpark Feuerland wurde 1960 gegründet und umfaßt einen schmalen Streifen entlang der nordsüdlich verlaufenden Grenze zu Chile. Sechs Kilometer Küstenlinie des Beagle-Kanals schließen das 63 000 ha große Gebiet im Süden ab, im Norden erstreckt es sich ein gutes Stück bis hinter die Ufer des Lago Fagnano. 25 Kilometer Schotterpiste und zehn Kilometer Wanderwege führen durch das Naturreservat. Unser Bus, dessen Frontscheibe eine massive Drahtkonstruktion vor Steinschlag schützt, folgt der *Ruta 3* durch die typische Moor- und Sumpflandschaft, vorbei an unzähligen grauen Baumstämmen, die fleißigen Bibern zum Opfer fielen.

An der Bahia Lapataia endet die holprige Fahrt. Mit zischenden Druckluftbremsen stoppt der Bus vor der Bucht. Wir bleiben noch sitzen, bis unsere Staubfahne uns überholt hat und davontreibt. Hier sind wir vor den Myriaden Moskitos sicher, die beim letzten Halt auf halber Strecke zur Attacke ausschwärmten. Sanft plätschern die Wellen des Beagle-Kanals gegen den glatten Uferfels, die Luft ist klar und frisch, seit langer Zeit riecht sie wieder nach Erde. Und noch eine solide Holztafel, diesmal aus halbierten Baumstämmen –

»Bahia Lapataia – Tierra del Fuego
Buenos Aires 3 063 km
Alaska 17 848 km
Final Ruta N$^{\underline{ro}}$ 3«

– markiert das Südende der Panamericana, der Traumstraße Alaska – Feuerland.

Flug 659 hat seine Tücken

Mittags um ein Uhr sind wir am Flughafen von Ushuaia. Drinnen geht es zu wie auf einem arabischen Basar. Hinter den dunklen Holztheken der lokalen Gesellschaften wird gefeilscht und gehandelt, gehadert und gestikuliert. Hier das richtige Ticket zu erwischen verlangt Sprachkenntnisse, Durchsetzungsvermögen und eine gehörige Portion Geduld. Bernd und Herbert verschwinden im Pulk der Anstehenden, während wir das Gepäck um einen bröckligen Pfeiler häufen und warten. Nach einer halben Stunde kehren die beiden zurück, genervt und verschwitzt, aber mit den begehrten Flugscheinen; ihre Routine hat sich bezahlt gemacht. Gemeinsam streben wir in die Cafeteria, um durchzuatmen.

Ob es ein Nonstopflug ist, möchten wir wissen. Herbert schüttelt den Kopf. »Im Grunde ist es nicht einmal ein Direktflug; wir müssen umsteigen, in Rio Gallegos. Und dann ist noch irgendwo eine weitere Zwischenlandung. Mehr habe ich auch nicht verstanden, es war so laut!« Er zuckt mit den Schultern und grinst. »Vielleicht sollte ich euch mental etwas auf den Flug vorbereiten, er gehört nämlich zu den Klassikern in Südamerika.« »Auch die Maschine?« »Die erst recht! Die ist so oft repariert worden, daß schon gar nichts mehr kaputtgehen kann«, flachst Bernd. »Und der Flughafen Ushuaia ist ein absolutes Kuriosum«, weiß Herbert, »die totale Fehlplanung: Zum einen ist die Startbahn viel zu kurz, ihr werdet sehen, sie endet abrupt vor dem Meer. Und zum anderen wurde bei der Konzeption der Rollbahn die vorherrschende Windrichtung völlig außer acht gelassen. Der Wind kommt immer von rechts oder links, gegen ihn zu starten ist absolut unmöglich. Das ist ein echtes Erlebnis!« Herbert gerät richtig ins Schwärmen. »Zum Start wird die Maschine bis ganz ans Ende der Rollbahn geschoben. Dann bleibt der Pilot auf der Bremse, während er die Turbinen auf Hochtouren jubelt. Ist die maximale Schubkraft aufgebaut – Bremse los und ab die Post...« »Kein Witz?« »Kein Witz! Aber es kommt noch besser: Gleich jenseits des Beagle-Kanals versperren die Ausläufer der Andenkordillere den Korridor. Deshalb werden wir sofort nach dem Start eine Zeitlang steile Rechtskurven über der Ushuaia-Bucht ziehen und uns hochschrauben. Dabei habt ihr noch einmal einen phantastischen Blick über Feuerland!«

Gut eine Stunde später wird uns klar, daß von alldem nichts gelogen war. Die Maschine besticht durch rustikales Ambiente, in der Kabine herrscht farbenfrohe Vielfalt, unterschiedlichste Sitzmuster konkurrieren, und die zerkratzten Plexiglasscheiben lassen die strahlende Nachmittagssonne nur fahl einfallen. Und auch der Start vollzieht sich genauso robust, wie Herbert es versprach: Mit schreienden Triebwerken kauert Flug 659 sprungbereit am Ende der Piste. *Klok*, die Bremse ist gelöst, ein Ruck nach vorn, und im Höllentempo prescht der Vogel über den Asphalt. Unebenheiten der Rollbahn lassen ihn holpern und poltern, Windstöße pfeifen von rechts, immer näher kommt das Meer, doch Flug 659 ist jetzt in Fahrt. Energisch schießt er über den Beagle-Kanal, wir sehen den Flugzeugschatten im Wasser, dann geht es mit Effet hinauf. In nie zuvor erlebter Schräglage werden wir kreisend aufwärtskatapultiert. Runde um Runde gewinnt die Maschine an Höhe, die *World Discoverer* wird kleiner, dann Ushuaia und die Bucht, und schließlich hieven wir uns über die Anden.

»Nein, Bordverpflegung gibt es nicht«, lautet die lakonische Antwort der Flugbegleiterin. Man müsse sparen, und der Flug sei ja auch nur kurz. In Rio Gallegos, etwa eine Stunde entfernt, müssen wir umsteigen. Eine altehrwürdige Boeing 727 begrüßt uns mit einladend heruntergelassener Heckklappe. Innen dominiert das Bordeauxrot der Kunstledersitze, unwillkürlich kommen Erinnerungen an Fahrten in Mutters erstem VW-Käfer auf. Da die Maschine bloß knapp zu einem Drittel besetzt ist, können wir uns bequem aufteilen. Der Start verläuft völlig unspektakulär, die Stewardessen sind fröhlich, spanische Musik dudelt aus den Lautsprechern, und aller Sparpolitik zum Trotz wird an jeden Passagier ein saftiges Sandwich ausgegeben. Allerdings scheitert der geplante Zwischenstop zum Auftanken: Wenige Meter über der Rollbahn reißt unser Pilot die Maschine mit rasantem Durchstarten nach oben. Wir donnern wieder in den milchigen Himmel über der Pampa. »Viel zuviel Seitenwind für eine Landung«, kommentiert der Flugkapitän das Manöver trocken und schiebt nach, daß wir jetzt auf einen Militärflughafen ausweichen müßten. Eine halbe Stunde darauf ist dieser in Sicht. Bei nur dezenter Tempodrosselung und mordsmäßigem Gerappel schwanken wir wild entschlossen der graubraunen Hochebene entgegen. Nach sportlicher Landung rollt Flug 659 auf einem namenlosen stacheldrahtumzäunten Armeeflugfeld aus. Ein olivgrüner Militärlastwagen karrt das begehrte Kerosin herbei, das alsbald durch ölige Schläuche in die Tragflächen gepumpt wird. Mit reichlich Treibstoffreserven und satter Verspätung machen wir uns auf die letzte Etappe nach Buenos Aires.

Kurz vor Mitternacht lehnen wir an der Uferpromendade der argentinischen Hauptstadt. Der Rio de la Plata treibt träge und schwarz durch sein Bett. Über Buenos Aires steht das wachende Rund des Vollmonds, jenseits des Flusses funkelt das Kreuz des Südens.

»Klar zum Ablegen« wird jetzt wohl Kapitän Zander in Ushuaia das Kommando geben, »Klar zum Ablegen«, der Steuermann erwidern. Winden werden surren und Taue nachgelassen, und die *World Discoverer* wird langsam Fahrt aufnehmen.

Bildanhang

Adéliepinguine, Penguin Island

Adéliepinguine sind mit einem Bestand von vierzig Millionen Exemplaren nicht nur die am häufigsten vertretene Pinguinart, sie sind – neben den mächtigen Kaiserpinguinen – auch die einzig wahren Antarktispinguine.

Admirality Bay, King George Island

Etwa auf halbem Weg treffen wir auf einige Holzkreuze. Ihr Holz ist grau und bleich; windschief neigen sich die älteren zur Seite.

Admirality Bay, King George Island

Überall am Strand verteilte Knochen und Wirbel von Walen erinnern an die blutrünstige Epoche der Walfänger und Robbenschlächter.

Station *Cámara,* Half Moon Island

Gegenüber der Anlandestelle, auf der Nordseite der Bucht, können wir die roten Baracken der argentinischen Forschungsstation erkennen.

Zügelpinguine, Half Moon Island

Zwischen den kahlen Felsen hat sich eine Zügelpinguinkolonie eingerichtet, ausgiebig frönen die Tiere ihrem Brutgeschäft. Hoffentlich störe ich sie nicht!

Station *Cámara*, Half Moon Island

An abgeplatzten Stellen des ovalen Emailleschilds, das den Funkraum ausweist und an seine Zugehörigkeit zur Republik Argentinien erinnert, blüht der Rost.

World Discoverer, Hannah Point, Livingston Island

Während sich unser Schiff träge um den Backbordanker dreht, rauschen die Zodiacs zur Anlandestelle Hannah Point.

See-Elefanten, Hannah Point, Livingston Island

See-Elefanten gehören zu den ausgesprochen geselligen Tierarten.

Zügelpinguin, Hannah Point, Livingston Island

Pinguine sind annähernd perfekt gegen Kälte isoliert. Trotz einer Körpertemperatur von 38 Grad Celsius schmilzt auf ihr Gefieder fallender Schnee nicht.

See-Elefant, Hannah Point, Livingston Island

Immer müde See-Elefanten lagern am Ufer.

Zügelpinguinkolonie, Baily Head, Deception Island

Die Kolonie, die mit 400 000 Exemplaren etwa ein Viertel des Gesamtbestands der auf Südshetland lebenden Zügelpinguine umfaßt, hat das Tal geprägt.

Zügelpinguin, Baily Head, Deception Island

Ohne die Flügel zu senken, blickt er über uns hinweg in die Welt aus Schwarz und Weiß – und macht dabei einen unglaublich zufriedenen Eindruck.

Verlassene Station, Whalers Bay, Deception Island

Wann immer es gerade möglich war, raste die orange »De Havilland Twin Otter« über die schwarze Lavapiste, um kurz vor den Bergen im meist wolkenverhangenen Himmel zu verschwinden.

Portal Point, Charlotte Bay, Antarktische Halbinsel

Portal Point ragt als breiter Eckzahn aus dem Rachen von Charlotte Bay, einer der ungezählten Buchten an der Westflanke der Antarktischen Halbinsel. Verhalten tuckert unser Zodiac entlang markanter Eisblöcke der Anlandestelle entgegen.

Aufgegebene Wetterhütte, Portal Point, Antarktische Halbinsel

Und wirklich weist rein gar nichts darauf hin, daß die Wetterhütte seit Jahrzehnten leer steht; vielmehr scheint es, als seien die vier Forscher gerade auf einen Sprung draußen im Schnee, um eine morgendliche Messung vorzunehmen.

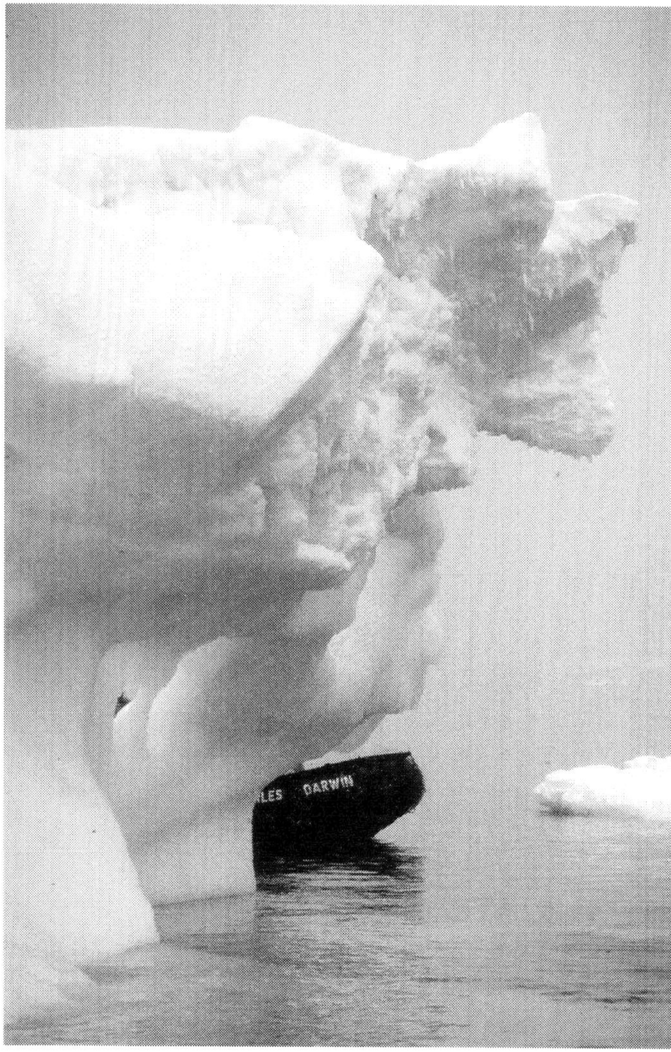

Portal Point, Charlotte Bay, Antarktische Halbinsel

Mächtige Plattformen und zerklüftete Abbrüche werden vom Zodiac in respektvollem Abstand passiert, während sich der grobporige Eissud vom Kiel teilen läßt und zu beiden Seiten des Schlauchboots schwappt.

Eselspinguin, Cuverville Island

Unsere Ankunft wird von den rotschnäbligen Eselspinguinen verfolgt, deren krächzende Iah-Rufe anfangs für allerhand Verwirrung sorgen.

Errera-Kanal, Cuverville Island

Weit hängt die Wolkendecke hinab, die wummernden Schiffsdiesel grollen im kalten Gestein des Kessels, und die Positionsleuchten blinken gespenstisch, wenn Nebelfetzen sie umhüllen.

Suarez-Gletscher, Paradise Bay

Die Zodiacpassage entlang der eisigen Kulisse raubt uns den Atem. Obwohl der Außenborder auf Hochtouren dreht, geht es nur schleppend voran. Für Tony bedeutet die Fahrt harte Arbeit, uns beschert sie grandiose Eindrücke inmitten der knisternden und knackenden Bucht.

Paradise Bay

Immer weiter drängt die »World Discoverer« durch wirre Kanäle in die Welt aus Fels, Schnee und Eis, in der nur Platz für eine Farbe ist: Blau!

Quellennachweis

Darwin, Charles
Reise um die Welt 1831 bis 1836
Thienemann Verlag, Stuttgart, 1993

Huntford, Roland
Scott & Amundsen
Pawlak Verlag, Herrsching, 1990

Nordenskjöld, Otto
»Antarctic« Band 1 und Band 2
Reimer Verlag, Berlin, 1904

Pigafetta, Antonio
Die erste Reise um die Erde
Erdmann Verlag, Tübingen, 1970

Pyne, Stephen
The Ice
in: Naveen, Ron
Die Antarktis lebt
Frederking & Thaler, München, 1991

Stonehouse, Bernhard
Pinguine
in: Naveen, Ron
Die Antarktis lebt
Frederking & Thaler, München, 1991

Brehm, E. / Supan, A. (Hrsg.)
Dr. A. Petermanns Mitteilungen Band 30
Justus Perthes, Gotha, 1884

Supan, Alex (Hrsg.)
Dr. A. Petermanns Mitteilungen Band 43
Justus Perthes, Gotha, 1897

Die teilweise sehr alten und fehlerhaften deutschen Übersetzungen einiger Zitate wurden in Hinsicht auf Grammatik und Orthographie dem heute gängigen Sprachgebrauch angepaßt.